55 PERFEKTE HOTELS IN ITALIEN

Süddeutsche Zeitung Edition

Konzept und Redaktion: Nancy Bachmann, Nicola Bramigk
Projektleitung: Sabine Sternagel
Texte: Ralf Amann, Nancy Bachmann, Julia Bähr,
Nicola Bramigk, Sabine Danek, Markus Dreesen
Alle Fotos: Nicola Bramigk, außer: Casa Angelina S. 12–13,
Hotel Cellai S. 50–53, Villa Arcadio S. 64 unten links,
Miramonti S. 166–169, Ellie Tsatsou S. 194, Julian
Renaud S. 196 unten rechts, Frederik Vercruysse S. 197,
Niklas Adrian Vindelev S. 197 oben, unten links, 198 oben
Art Direktion und Gestaltung: Studio Mahr
Produktion: Sibylle Schug
Herstellung: Thekla Licht, Hermann Weixler
Druck und Bindung: Westermann Druck Zwickau GmbH
Printed in Germany
ISBN: 978-3-86497-469-4
1. Auflage 2018

TOBI MÜNCH
2020

WHAT WE LOVE
SMART TRAVELLING

55 PERFEKTE HOTELS IN ITALIEN

Süddeutsche Zeitung Edition

INHALT

Smart Travelling begann in ein paar Schuhboxen, randvoll mit Visitenkarten unserer Lieblingsorte, und der Idee, die Welt wie mit den Tipps eines guten Freundes zu entdecken. Einem Freund, der genau weiß, was einem gefällt und der einen zu den schönsten, authentischsten und manchmal auch geheimen Orten führt. Mehr als zehn Jahre ist das her und seitdem reisen wir auf der Suche nach unvergesslichen Hotels, Restaurants, Cafés und allem anderen, was zu einer perfekten Erfahrung gehört, zu den aufregendsten Metropolen und in die malerischsten Regionen rund um den Erdball. Ausgestattet mit dem ‚Suchen-und-Finden-Gen' und mit jeder Menge Leidenschaft für erlesene Orte voller Patina und Seele, für ganz individuelles Design, lokaler Verbundenheit oder internationalem Glamour. Kein Ort, an dem wir nicht persönlich waren, kein Tipp, der nicht aus eigener Erfahrung und von Herzen kommt. Als Reiseexperten, Scouts, Autoren und Fotografen packen wir immer wieder gerne unsere Koffer, machen uns in die entlegensten Winkel auf, um die perfekten Orte zu finden.
Eine besondere Leidenschaft haben wir für Italien und „la dolce vita". Ob im römischen Stadthotel voller Patina, beim apulischen Landleben at it's best in einer modernen Masseria, im hochherrschaftlichen Palazzo mit seinen prächtigen Gärten, Pinienalleen und Rosarien an der Amalfiküste, im tradtionellen Südtiroler Sommerfrischehaus, wo man die Seele baumeln lässt, oder beim Meditieren in einem Kloster-Hideaway in den umbrischen Bergen.
Vor Ihnen liegt jetzt die Sammlung unserer 55 Lieblingshotels, die Essenz unserer Buchreihen an Sehnsuchtsorte in „Bella Italia". Jedes dieser Hotels erzählt seine ganz eigene Geschichte und strahlt das Flair einer Stadt oder Region aus.

Viel Freude beim Lesen, Träumen und Erleben!
Ihre Nicola Bramigk & Nancy Bachmann

LA MINERVETTA

ENTSPANNT • SURREALISTISCH SCHÖN • IDYLLISCH

Alle Blicke sind hier aufs Meer gerichtet. Auf den Golf von Neapel mit dem Vesuv im Hintergrund, den Fischerbooten, die tief unten über das azurblaue Meer ziehen, den Fähren nach Capri und dem kleinen idyllischen Hafen von Sorrento. Wie ein gläsernes Nest hängt diese Villa aus den Fifties oben am Hang – und so grandios die Ausblicke von den 12 Zimmern und drei großen Terrassen sind, so kann man sich auch an dem Interieur nicht sattsehen. Türkise Fliesenböden und leuchtend blaue Wände bieten die Bühne für einen Stilmix, bei dem antike Segelschiffe auf Sixties-Drahtsessel von Warren Platner treffen, kunterbunte Vietri-Keramik auf Korallen, Seesterne, Muscheln und Meeresschwämme und immer wieder der Vesuv auftaucht, als kitschige Fifties-Postkarte, Kunstdruck, beim Ausbruch und in stiller Schönheit. Hier weht optisch ein kühler frischer Wind, gestaltet von dem Architekten Marco de Luca, und man kommt sich vor, als segle man über die endlose Weite des Meeres und dazu schreien die Möwen, die morgens schon mal versuchen, einem das Tomaten-Omelett vom Teller zu stehlen. Ein entspannter und surrealistisch schöner Ort, an dem Zitronen aus Keramikköpfen wachsen und den man eigentlich nicht verlassen möchte. Ringt man sich durch, führt eine Privattreppe zu einem verwunschenen Pool und 200 weitere Stufen hinab zum Strand und in den kleinen Hafen mit seinen Restaurants.

La Minervetta – Via Capo, 25 – 80067 Sorrento
Tel: +39 081 8774455 – www.laminervetta.com

"

Wie ein gläsernes Nest
hängt diese Villa
aus den Fifties
oben am Hang.

"

CASA ANGELINA

MODERN · HELL · KUNSTVOLL

Moderner geht es nicht an der Amalfiküste und auch nirgendwo gibt es ein reineres Weiß als in der Casa Angelina. Man fühlt sich fast wie in einer Wellness-Klinik, wird von Personal in hellem Leinenoutfit empfangen – und mit köstlicher, frischer Mandelmilch. So knallig blau wie das Meer vor dieser weißen Kulisse schimmert, auf das alle Ausblicke gerichtet sind, so farbenfroh leuchten die Skulpturen des kubanischen Künstlers Alfredo Sosabravo, die aus Muranoglas gefertigt und über die Etagen der Casa verteilt sind. Dazu gibt es Gemälde lokaler Künstler – und eine große Bronzeskulptur zweier abstrahierter Köpfe des französischen Bildhauers Étienne, die an der Straße zwischen Positano und Praiano stehen. Sie weist den Weg zum Hotel, zu dem man sich auf einem engen Weg mit dem Auto bis vor die Tür hinunterschlängeln kann. Weiß sind auch die Zimmer, von denen viele Balkone einen Meerblick haben, zu Füßen liegt eine hübsche kleine Bucht. Mit Blick auf Positano und das weite Meer kann man morgens sein leckeres Porridge auf der Dachterrasse essen oder Obst, Gemüse, Fisch, Salat und die verschiedensten Eierspeisen und vieles andere, das auf einem Buffet präsentiert wird, dessen Auswahl fast übertrieben wirkt. Wenn man seine Tasche abstellen möchte, kommt einer der herzlichen Kellner mit einem kleinen Holzhocker, um sie darauf abzustellen.

Casa Angelina – Via Capriglione,147 – 84010 Praiano
Tel: +39 089 8131333 – www.casaangelina.com

"Mit Blick auf Positano und das weite Meer kann man morgens auf der Dachterrasse ausgiebig frühstücken."

CASA PRIVATA

STILVOLL · PERSÖNLICH · ENTLEGEN

Die Maßeinheit ist hier die Anzahl der Treppenstufen. 200 geht es zur Casa Privata hinunter, einem wunderbar renovierten alten Fischerhaus (keine Angst, das Gepäck schleppen zwei Männer aus dem Dorf – und zwar lässig auf der Schulter). Und jede Stufe lohnt sich, um in diese Welt abzutauchen, die mit einem Landschaftsgarten, den der große Jacques Wirtz gestaltete, bis zum Meer hinuntergeht – an einem Springbrunnen, Oliven, Limonen, Rosen und einem Pool vorbei und weitere 200 Stufen hinunter zum Meer, das im schönsten Azur gegen die Felsen schlägt. Eine Leiter führt ins Wasser und elegante weiße Liegen sind so verteilt, dass man seine Ruhe hat. Auf Entspannung wird in der Casa des Wiener Architekten Laurids Ortner sowieso geachtet und man spürt, wie die gekonnte Einrichtung der Familie gewachsen und wie persönlich sie ist. Die acht Zimmer sind mit kleinen Extravaganzen wie gläsernen Bodenvitrinen, in denen Bücher sich stapeln, gestaltet, mit gestreiften Tapeten, wehenden Vorhängen, und freigelegten Deckenfresken. Besonders schön sind die Zimmer im oberen Stock mit ihren Terrassen mit purem Meerblick. Abends kann man sich von einer Köchin aus der Umgebung u. a. mit Gemüse aus dem Garten authentisch bekochen lassen. Und will man doch mal weg, fährt einen ein Wassertaxi für 30 Euro nach Positano.

Casa Privata – Via Rezzola 41 – 84010 Praiano
Tel: +39 089 874078 – www.casaprivata.it

„200 Stufen hinunter zum Meer, das im schönsten Azur gegen die Felsen schlägt."

VILLA CIMBRONE

HOCHHERRSCHAFTLICH • ELEGANT • SPEKTAKULÄR

Die meist kolportierte Geschichte über die Villa Cimbrone, jenem hochherrschaftlichen Palazzo auf dem großen Felsvorsprung Cimbronium, ist die eines Concierge. „Ach, mein Käuzchen", erinnerte er sich an Greta Garbo, die in den 1930ern hier mehrere „Dirty Weekends" mit ihrem Liebhaber, dem Dirigenten Leopold Stokowski, verbrachte. Und bis heute ist das Cimbrone mit seinen prächtigen Gärten, Pinienalleen und Rosarien ein romantischer Hot-Spot, in dem auch regelmäßig Hochzeiten stattfinden. Doch die stören auf der großen Anlage kaum – und am schönsten sind die Gärten sowieso, wenn sie nach 18 Uhr nur noch den Hotelgästen vorbehalten sind. Unbedingt sollte man dann zum „Balkon der Unendlichkeit" gehen, der mit Skulpturen über dem Meer ragt. 1904 ließ der schottische Lord Grimthorpe (der in einem Tempel im Garten begraben liegt) den Palazzo aus dem 12. Jahrhundert so umgestalten, wie er heute ist, mit Zitaten an die römische und die orientalische Vergangenheit, mit prächtigen bunten Fliesen in den Zimmern, etwas Pomp und viel Flair, das etwas an das Chateau Marmont in L. A. erinnert und bis heute durch die Räume weht, die so pompös wie unprätentiös sind. Hier eine Büste, da ein Musikzimmer, kleine Innenhöfe und spektakuläre Terrassen. Ist man kein Hotelgast, sollte man sich abends auf der Restaurant-Terrasse eine Käseplatte teilen, einen Rosé trinken und das Setting genießen. Oder man nimmt einen Cocktail in der Bar im Garten.

Villa Cimbrone – Via Santa Chiara, 26 – 84010 Ravello
Tel: +39 (0)89 857459 – www.hotelvillacimbrone.com

„Unbedingt sollte man dann zum „Balkon der Unendlichkeit“ gehen, der mit Skulpturen über dem Meer ragt.“

CAPRI SUITE

PERSÖNLICH • KÜNSTLERISCH • STYLISCH

Das perfekte Sommerdomizil, 2011 von dem Designer Giuliano Andrea dell'Uva eingerichtet, der mit seinem Zeta-Studio regelmäßiger Gast auf der Mailänder Möbelmesse ist – und auch in seiner Suite in Anacapri. In Gelb und Blautönen weht jede Menge Capri-Charme durch den Flügel des einstigen Klosters, das zur nahe gelegenen Chiesa di San Michele gehört und den man samt eines abgeschirmten kleinen Hinterhofs, ganz sein Eigen nennt. Ein Daybed steht dort und auf einem meterhohen Regal stapeln sich eindrucksvoll Agaven in Tontöpfen übereinander. Eine schmale Küche öffnet sich mit Glaswänden zum Hof, überall stehen Designklassiker und findet man kleine Gimmicks wie die Kleiderbügel, die an langen Schnüren von der Decke baumeln, leere Bilderrahmen, die wie eine Collage über die Wand verteilt sind, gestreifte Wände und einen Kamin, der in wechselnden Farben beleuchtet wird. Was heute der Wohnraum ist, war einst der Speisesaal des Konvents und während ein kleineres Schlafzimmer zur Gasse hin liegt, ist das andere mit einem Duschbad versehen, von dem aus man in den Hof schaut, und mit einem Badezimmer, groß wie eine Kathedrale. Fünf Personen können hier wohnen, auf Wunsch werden auch Kinderbetten hinzugestellt und morgens kommt ein Mädel aus dem Dorf, das Frühstück macht. In Ausnahmefällen ist es möglich, die Schlafzimmer separat zu mieten.

Capri Suite – Via Finestrale, 9 – 80071 Anacapri – Capri
Tel: +39 (0)335 528 06 47 – www.caprisuite.it

”

In Gelb und Blautönen weht jede Menge Capri-Charme durch den Flügel des einstigen Klosters.

“

IL CANNITO

➵ FAMILIÄR · FRIEDLICH · LÄSSIG

Von dieser Familie umsorgt zu werden, ist ein großes Glück. Von Anna Maria Barlotti und ihren drei erwachsenen Kindern, die gemeinsam auf dem schönen Anwesen leben, wo der sprühende moderne Geist der Kinder auf die liebevolle Grandezza der Mutter trifft. Durch Felder fährt man zum Il Cannito, und öffnet sich das große Tor, ist man in einer ganz eigenen Welt. Mit vier großen Zimmern, die zum Teil in Nebengebäuden mit Terrassen und Balkonen untergebracht sind, in friedvoller Stille, mit einem großen Pool und Blick über die Landschaft bis hin zur Küste und nach Capri. Unter einem Baum kann man in den Sonnenuntergang schaukeln, ist man mit Kindern unterwegs, stehen kleine Harken und Schippen bereit, um im Gemüsegarten zu graben oder man erkundet Cilento, ausgerüstet mit den zahlreichen Tipps von Santa Gorga, die ein untrügliches Gespür für die besten Orte der Umgebung hat. Genauso schön ist es, einfach dort zu bleiben. Werden zum Frühstück unter Eichen Erdbeeren aus dem Garten aufgetischt, selbst gemachte Marmeladen, frische Säfte und alles andere, was man sich wünscht, kann man sich abends bekochen lassen. Dann zaubert die Familie mit Gemüse aus dem Garten köstliches wie Büffelmozzarella mit Mangold, Spaghetti mit Zucchini und Peperoncini in perfekter Schärfe, und zum Schluss kommt der frisch gebackene Kuchen mit Honig auf den Tisch.

Il Cannito – Via Cannito – 84047 Capaccio Paestum
Tel: +39 0828 1962277 – www.ilcannito.com

»

Von Anna Maria Barlotti
und ihren Kindern
umsorgt zu werden,
ist ein großes Glück.

«

BSM

BORGO SAN MARCO

WARMHERZIG · ATMOSPHÄRISCH · GESCHMACKVOLL

Die Atmosphäre, die in der Masseria Borgo San Marco herrscht, ist in keinem anderen Gutshotel zu finden. Alle Zimmer sind unterschiedlich eingerichtet, überall stehen schöne Einzelstücke, und hier und da wurde im Laufe der Zeit stilsicher etwas hinzugefügt. San Marco ist ein stimmig gewachsener Ort, und das spürt man auch. Morgens empfängt die warmherzige Lena jeden Gast und kümmert sich rührend um alles. Im Sommer ist die Terrasse, die in einem der vielen Höfe liegt, der perfekte Ort, um morgens die süßen Feigen mit frischem Ricotta und einem Cappuccino zu genießen. Wer Voll- oder Halbpension gebucht hat, kann sich auf eine leichte Sommerküche mit vielen Produkten aus dem eigenen Garten freuen. Überhaupt ist das ganze Gelände der Masseria eine kleine Oase. Es gibt einen uralten Limonengarten, einen großzügig angelegten und üppig umwachsenen Pool, eine kleine Kirche und eine Anlage berühmter Grotten, die mit wunderschönen Fresken ausgemalt sind und für die Gäste auf Wunsch geöffnet werden. Im November und Dezember kehrt die Masseria ganz zu ihren Wurzeln zurück. Dann produziert Alessandro Amati, Besitzer des San Marco, sein eigenes Olivenöl, und alles dreht sich um die Ernte und das grasgrüne junge Öl – Olio nuovo! Hinweis: Wenn Sie früh auschecken, müssen Sie schon am Abend vorher bezahlen, denn die Rezeption ist erst ab 9.00 Uhr besetzt.

Borgo San Marco – Contrada Sant'Angelo, 33 – 72015 Fasano
Tel: +39 080 4395757 – www.borgosanmarco.it

„Eine Oase mit uraltem Limonengarten, üppig umwachsenem Pool, einer Kirche und Grotten mit wunderschönen Freskenmalereien."

MASSERIA CERVAROLO

GASTFREUNDLICH · IDYLLISCH · LOKAL

Umgeben von einer Bilderbuch-Landschaft liegt die Masseria Cervarolo im Tal von Itria, nur einen Katzensprung von Ostuni – der „weißen Stadt“ – entfernt und man kann es nicht anders sagen: Dieser Ort ist ein absoluter Lieblingsort! Einer, an den man immer wieder gerne zurückkommt und den man am liebsten erst gar nicht verlassen möchte. Das von Teo und seinem Team mit viel Hingabe geführte Landhotel entführt in ein weitläufiges Anwesen, umgeben von echter Gastfreundschaft. Im Zentrum der Masseria und nicht zu übersehen, wartet ein großzügiger Pool, an dem man tagsüber herrlich die Seele baumeln lassen kann. Ebenso haben die Gäste die Möglichkeit, in einem der typisch apulischen Trullis aus dem 16. Jahrhundert zu schlafen, werden morgens zum Frühstück mit lokalen Produkten verwöhnt und wer abends nicht mehr losziehen möchte, kann sich ebenso auf Antipasti, Pasta und Secondi freuen. Wer aber doch einmal den Pool verlassen möchte, was zugegebenermaßen wirklich schwerfällt, hat die Möglichkeit, sich auf historische Entdeckungstour im nahe gelegenen Martina Franca oder Alberobello zu begeben. Die Strände der Adria-Küste sind auch nicht weit entfernt. Zudem organisiert die Masseria für ihre Gäste Kochkurse sowie Weindegustationen und lässt in die Geheimnisse der Rezepte Apuliens eintauchen.

Masseria Cervarolo – Contrada Cervarolo, (S.P.14) – 72017 Ostuni
Tel: +39 0831 303729 – www.masseriacervarolo.it

"Am großzügigen Pool kann man tagsüber herrlich die Seele baumeln lassen."

MASSERIA CIMINO

KOMFORTABEL · GESCHMACKVOLL · PROFESSIONELL

In der Masseria Cimino wird der Traum vom komfortablen und geschmackvollen Landleben, das alle Sinne anspricht, wahr. Das ausgezeichnete Frühstück streichelt den Gaumen mit selbst gebackenem Kuchen, der Duft von wilden Kräutern und der Geruch des Meeres umschmeicheln das Näschen und die üppige Dekoration aus Strauchtomaten und Kaktusblättern das Auge. Das köstliche Abendessen mit viel regionalem Gemüse wird als Buffet angeboten, sodass jeder seine Portion selber dosieren kann. Selbst Kleinigkeiten, wie die Knöpfe der Toilettenspülung, sind aus Holz ersetzt worden, um das Bild einer ursprünglichen Masseria zu wahren. Das Cimino ist ein Ableger der noblen Masseria San Domenico und profitiert in puncto Service und Professionalität von seinem großen Bruder. Das Publikum ist eher etablierter und Golf interessiert, denn das erste Loch liegt nur wenige Meter entfernt. Auf Fahrrädern, die den Gästen zur Verfügung stehen, kann man stundenlang auf den kleinen Arbeitswegen und durch die Olivenhaine radeln, die das „goldene Dreieck" zwischen Egnazia, Fasano, Ostuni und Marina di Ostuni durchziehen. Ab und zu schnauft ein Traktor oder eine dreirädrige Ape vorbei, oder man sieht einen Bauern, der mit seinem Hund unter einem Feigenbaum dösend der Mittagshitze zu entfliehen versucht.
Tipp: Cimino ist auch eine gute Wahl im Winter, weil die Masseria gut beheizbar und sehr gemütlich ist.

Masseria Cimino – Contrada Masciola – 72010 Savelletri di Fasano
Tel: +39 (0)80 4827886 – www.masseriacimino.com

„Hier wird der Traum wahr vom komfortablen und geschmackvollen Landleben, das alle Sinne anspricht."

MASSERIA ALCHIMIA

MODERN · SCHLICHT · INTERNATIONAL

Erfrischend anders! Caroline Groszer hat sich bewusst gegen den typischen Landhaus-Look der Hotel-Masserien und für einen modernen Stil entschieden. Klassiker von Vitra schmücken die edlen Apartments, von denen jedes mit einem voll ausgestatteten Kochschrank bestückt ist. Alles ist vorrätig, um sich Kleinigkeiten und sein Frühstück, das hier nicht serviert wird, selbst zuzubereiten. Die neuesten Designermodelle von Duravit veredeln die Badezimmer, die Böden sind ganz modern in Estrich gehalten und fügen sich mit der geradlinigen Architektur zu einem harmonischen Bild zusammen. Die Deutsch-Schweizerin ist schon immer auf der ganzen Welt zu Hause gewesen und gehörte mit ihrem ehemaligen Service Trulli Bed & Breakfast zu den Pionieren der Gegend. Sie hat genau zur richtigen Zeit das Vakuum und die Bedürfnisse internationaler Gäste erkannt, die sie seit 2008 in ihrer wunderschönen Masseria um sich schart. Caroline ist die perfekte Networkerin, handelt für ihre Gäste Spezial-Deals an ausgesuchten Stränden wie Guna-Beach oder bei Santos aus, sie kennt die besten Restaurants und Trattorien, die sie mit großer Freude für ihre Gäste reserviert, und stellt ihnen auf Wunsch auch gleich noch ein ganz individuelles Apulien-Programm zusammen. Tipp: Wer in der Nebensaison kommt, kann zu sehr günstigen Preisen in der Masseria Alchimia wohnen.

Masseria Alchimia – C.P.58 – Contrada Fascianello, 50 – 72015 Fasano
Tel: +39 (0)335 6094647 – www.masseria-alchimia.it

"Klassiker von Vitra schmücken die edlen Apartments der Deutsch-Schweizerin."

MASSERIA MONTELAURO

ANSPRUCHSVOLL • STILSICHER • MONDÄN

Die Masseria Montelauro ist in der Gegend um Otranto die Adresse für anspruchsvolle Gäste. Die historische Anlage, eingebettet in das salentinische Hinterland, ist stilsicher hergerichtet, die Lobby zieren gemütliche Sofas und ein Kamin, der Pool fügt sich mondän in die Anlage ein, und den 27 geschmackvollen Zimmern fehlt es an nichts. Morgens kann man bei einem ausgiebigen Frühstück unter der Schatten spendenden Laube neben dem Gemüsegarten seinen Tag planen. Sie können zum Beispiel ausreiten oder durch die Olivenhaine radeln. Doch es fällt auch nicht schwer, die Masseria gar nicht zu verlassen, am Pool zu relaxen und sich eine Massage zu gönnen. Mittags steht ein köstliches Buffet (25 Euro) bereit, und abends werden salentinische Köstlichkeiten mit frischen Zutaten aus dem Gemüsegarten serviert. Dann brennen überall im Garten die Lichter und illuminieren das Anwesen aufs Schönste. Bei mehreren Gläsern Negroamaro kann es leicht Nacht werden. Die Masseria liegt gut zu erreichen nur ein paar Kilometer von der Küste und Otranto entfernt.

Masseria Montelauro – S.P. 358 Otranto – Uggiano – Località Montelauro – 73028 Otranto
Tel: +39 (0)836 806203 – www.masseriamontelauro.it

„Historische, stilsicher eingerichtete Anlage, eingebettet in das salentinische Hinterland."

HOTEL CELLAI

CHARMANT · GEMÜTLICH · INDIVIDUELL

Bei Francesco und Allessandra fühlt man sich, als wäre man bei seinen italienischen Großeltern zu Besuch – Verwöhnungsatmosphäre pur. Gemütliche Lesezimmer, dazu knisterndes Kaminfeuer und wunderbares Essen, aber das ist in Italien ja sowieso Voraussetzung. Das charmante Boutique Hotel ist der perfekte Ort, um nach einem langen Tag die müden Füße zur Ruhe kommen zu lassen und die Eindrücke bei einem Glas Wein oder Afternoon-Tea Revue passieren zu lassen. Neben den individuell eingerichteten Zimmern mit einem leichten old-school Touch, sind die vielen Kunstwerke absolute Eyecatcher, denn in jeder Ecke gibt es etwas zu entdecken. Das ist dem Hausherrn Francesco zu verdanken, der leidenschaftlicher Kunstsammler ist. Die Dachterrasse mit Blick auf die Altstadt kommt als i-Tüpfelchen noch dazu, ein Postkartenausblick, der schon beim Frühstück genossen werden kann. Hier möchte man so schnell nicht mehr weg. Zudem gibt es dieses einzigartige Ambiente zu einem äußerst moderaten Preis – avanti, avanti!

Hotel Cellai – Via 27 Aprile 14 – 52/R – 50129 Florenz
Tel: +39 (0)55 489291 – www.hotelcellai.it

„Gemütliche Lesezimmer, knisterndes Kaminfeuer und wunderbares Essen – Verwöhnatmosphäre pur."

THE GRAND TOUR

HOTEL TORRE DI BELLOSGUARDO

GRANDIOS • INDIVIDUELL • ATEMBERAUBEND

Wohnen bei einem Baron, dessen Wunsch es ist, dass sich seine Gäste bei ihm wie zu Hause fühlen. Herrlich. Da nichts steif oder aufgesetzt wirkt, geht sein Vorsatz auch in Erfüllung. Dabei erinnern die Dimensionen der Räume und das Ambiente sicher die wenigsten an das eigene Zuhause. „Der wahre Luxus ist die Ruhe“, betont Amerigo Franchetti, „nicht nur die einzigartige Sicht auf die Stadt.“ Dennoch ist Florenz ganz nah, zu Fuß sind es nur wenige Minuten ins Zentrum. „Die Villa habe ich selbst eingerichtet“, sagt er, „auf dem Dachboden gab es noch einige originale Möbel, den Rest habe ich nach und nach dazugekauft.“ Freunde machten immer wieder Vorschläge alles neu zu gestalten, doch davon hält der Baron nicht viel. Der Charme seines Hotels liegt nicht in dem wenig aufeinander abgestimmten Interieur, sondern in den einmaligen architektonischen Oasen. Zu ihnen gehört der großzügig angelegte Garten mit seinen versteckten Winkeln, der herrlichen Frühstücksterrasse und dem Pool mit Blick auf die Stadt. Der Limonaio, ein Wintergarten mit Zitrusfrüchten, ist von einer so atemberaubenden Schönheit, dass man nie wieder dort weg möchte. Auf der Liege am Pool, dösend, berauscht von der einmaligen Sicht, vielleicht auch vom Wein, huscht einem ein Gedanke durch den Kopf: Grandios, dass es in Florenz einen so herrlichen Ort gibt, an dem ein Reisender sich wie ein Baron fühlen kann.

Hotel Torre di Bellosguardo – Via Roti Michelozzi, 2 – 50124 Florenz
Tel: +39 (0)55 2298145 – www.torrebellosguardo.com

” Ein einzigartiger Ort in Florenz, wo man sich wie ein Baron fühlen kann. “

HOTEL THE J AND J

LIEBEVOLL · CHARMANT · ROMANTISCH

Im historischen Viertel Santa Croce, etwas ab vom italienischen Trubel, versteckt sich das J&J Hotel in einem ehemaligen Kloster aus dem 16. Jahrhundert. Die tief verankerte, friedvolle Atmosphäre ist hier in jeder Ecke zu spüren, denn Antiquitäten, der alte Kreuzgang sowie die originalen Fresken wurden bei der Restauration bewahrt. Im romantischen Innenhof wird morgens zwischen Klosterbrunnen und antiken Säulen das Frühstück serviert und abends der Aperitif. Man könnte meinen, das J&J versetzt die Gäste ein Stück weit zurück in vergangene Zeiten. Das geschieht mit viel Charme und liebevollen Details, wie zum Beispiel handgewebten Stoffen, dem Glockengeläut des Glockenturms von Giotto und sehr zuvorkommendem Service. Dazu kommt noch das Highlight der Klostermauern, die das J&J an heißen Sommertagen in eine kleine Oase der Abkühlung verwandeln. Besonders exklusiv sind übrigens die Zimmer mit Blick über die Dächer von Florenz und den Kreuzgang. Die Location liegt zwar in einer ruhigen Seitengasse, doch der Dom und alle anderen „Must-Sees“ sind in nur wenigen Gehminuten zu erreichen.

Hotel The J and J – Via di Mezzo 20 – 50121 Florenz
Tel: +39 055 26312 – www.jandjhotel.net

„Zimmer mit Blick über die Dächer von Florenz und den Kloster-Kreuzgang."

VILLA ARCADIO

ELEGANT · LÄSSIG · LUXURIÖS

In einem ehemaligen Kloster aus dem 14. Jahrhundert können Sie wunderbar stilvoll logieren. Es gibt keinen besseren Standort am Gardasee. Schlichte Eleganz, luxuriöse Details und moderne Raffinessen – lässiges Wohlfühlen pur! Schon die Auffahrt über die Allee hinauf zum Resort ist ein Vergnügen. Das ehemalige Kloster liegt auf einem Hügel inmitten eines elf Hektar großen Gartens mit Panorama-Pool, Olivenhainen, Blumen, Kräutern und Obstgärten. Der Blick vom Pool auf den See, auf Salò und die Hügel ist traumschön. Die Mischung aus altem Gemäuer, antiken Möbeln und modernem Design, der Mix an Materialien wie alten Holz- und modernen Stahltüren verströmt eine schlichte, unbefangene Eleganz. Das Frühstücksbuffet gehört zu den besten am Gardasee. Bei schönem Wetter wird unter aufgereihten bunten Glockenlampen und Weinranken auf der Veranda gespeist. Am Pool, in der Sauna, beim Yoga, den Massagen oder im Garten mit Blick auf den Gardasee können Sie die Seele baumeln lassen – oder einen Ausflug mit dem Riva Aquarama Special buchen und mit dem Motorboot über den See brausen. Das Restaurant mit typischen Spezialitäten und internationalen Gerichten ist ausgezeichnet – und steht auch Nicht-Hotelgästen offen. Beste Zutaten werden auf den Punkt zubereitet.

Villa Arcadio – Via Navelli, 2 – 25087 Salò (Brescia)
Tel: +39 0365 42281 – www.hotelvillaarcadio.it

”

Das Frühstück in der
Villa Arcadio gehört zu den
besten am Gardasee.

“

VILLA SOSTAGA

➳ ABGESCHIEDEN · INDIVIDUELL · GEDIEGEN

In der früheren Jagdresidenz der Feltrinellis entschleunigt der ehemalige Rennfahrer Gabriele Seresina sein Leben in einem herrlich gediegenen, spleenig-stimmigen Boutique-Hotel. Am Hang, abgeschieden, ruhig, inmitten eines 40 Hektar großen Parks mit traumhaftem Blick auf den See. Der Pool im Garten liegt wunderschön direkt über dem See. Jedes der knapp 20 Zimmer ist farblich individuell gestaltet und hat trotz des durchgängig alten Mobiliars einen so eigenen Charakter, dass es sich lohnt, vor dem Buchen alle Zimmer auf der Webseite durchzuklicken, um sich je nach eigenem Gusto das passende Ambiente auszusuchen. Die Flure haben schöne dunkelrote Steinböden. Zum Hotel gehört das Restaurant Villa Sostaga. Pierlorenzo Minini arbeitete jahrelang in verschiedenen Küchen der Welt, bevor er in seine Heimat am Gardasee zurückkehrte und Küchenchef in der Villa Sostaga wurde. Zu der modernen, einfallsreich ehrlichen Küche passt das „Null-Kilometer-Menü", in dem nur frische Zutaten aus der direkten Umgebung verarbeitet werden. Herrlich ist der Blick aus dem zugleich vornehmen wie luftigen Wintergarten auf den See, während es bei Kerzenschein im roten Salon mit den alten Teppichen und dem Fischgrätenparkett urgemütlich ist.

Villa Sostaga – Via Sostaga, 19 – 25084 Navazzo di Gargnano (Brescia)
Tel: +39 0365 791218 – www.hotel-gardasee-villasostaga.de

"Herrlich ist der Blick
aus dem luftigen Wintergarten
auf den See."

VILLA GIULIA

WARM · SCHNÖRKELLOS · PRIVAT

Nachts auf der Terrasse am See zwischen Fackeln und Palmen in den dunklen Korbsesseln zu sitzen, einen Sprizz zu trinken oder eine Zigarre zu rauchen und dabei dem Rauschen des Sees zu lauschen – das ist himmlisch in der Villa Giulia. Allein der Blick von dort auf den Monte Baldo und den See ist die Reise wert. Sobald der Wagen auf dem knisternden Kies der Einfahrt vorfährt, kommen Urlaubsgefühle auf. Die alten roten Teppiche auf dem Flur zur Rezeption und die antiken Möbel verleihen der Villa eine zeitlose Eleganz. Beeindruckend ist vor allem der Garten mit den Rosen, Palmen, dem prächtigen Magnolienbaum mit den champagnerfarbenen Blüten und dem Pool, der im Licht der Dämmerung am schönsten ist. Unter den Dachbalken in den oberen Zimmern der Villa verdichtet sich das sanfte Rauschen des Sees zu einer Art Brandung, so laut, als spiele der Gardasee für eine Nacht Meer. Schon Vergil war beeindruckt davon gewesen, wie dieser Alpensee aufbrausen kann „mit seinen tosenden Fluten". Hier können Sie es erleben. Die Villa, das Chalet und der Turm haben einen sehr unterschiedlichen Stil, daher ist es zu empfehlen, sich vorher auf der Webseite durch die „Camere" zu klicken. Neben dem Pool bietet die Villa Giulia im Garten eine Sauna und ein türkisches Bad. Und an der Rezeption bekommen Sie jede Menge Tipps für Aktivitäten und Ausflüge.

Hotel Villa Giulia – Viale Rimembranza, 20 – 25084 Gargnano sul Garda (Brescia)
Tel: +39 0365 71022 – www.villagiulia.it

"Allein der Blick
von der Terrasse auf den
Monte Baldo und den See
ist die Reise wert."

Villa Giulia

VILLA PIOPPI

UNPRÄTENTIÖS · LÄSSIG · EINFACH

Einen so liebenswert unprätentiösen Ort wie die leuchtend rot gestrichene Villa Pioppi gibt es selten. Wie eine Insel, wenn auch eine etwas verlorene, wirkt sie mit ihrem riesigen Garten direkt am See inmitten der dichtbesiedelten touristischen Küste vor der beeindruckenden, jedoch auch sehr besuchten Altstadt von Sirmione. Der Garten mit dem schönen, ungestylten Pool und dem eigenen Strand wirkt wie eine Oase, ebenso die vielen kleinen Balkone und Terrassen, auf denen es sich herrlich sonnenbaden lässt. Ein etwas in die Jahre gekommener Ort, der vermutlich schon prächtigere Zeiten gesehen hat, dafür strahlen Haus und Garten eine einladende Unkompliziertheit und Freizügigkeit aus. Im Garten, am Strand und am Pool stehen überall Liegestühle herum, die Stimmung ist lässig. Einen recht angenehmen Charme besitzen auch die einfachen Zimmer. Die ganze Villa und das Anwesen sind alles andere als geschniegelt und sicher kein Ort für Sauberkeits- und Ordnungsfanatiker. Für alle Anderen dürfte die Villa Pioppi jedoch in dem touristischen Getümmel vor der geschichtsträchtigen Altstadt Sirmiones eine erfrischende Alternative sein.

Villa Pioppi – Via XXV Aprile, 76 – 25019 Sirmione (Brescia)
Tel: +39 030 9904119 – www.villapioppihotel.com

"Der Garten mit dem schönen Pool und dem eigenen Strand ist eine Oase."

WATT TREDICI

GROSSZÜGIG · SCHLICHT · STYLISCH

Schon beim Betreten staunt man über das Design: Vor der Rezeption baumelt eine gigantische „Castore“-Lampe von Michele De Lucchi und Huub Ubbens von der Decke, an der Bar nehmen Sie auf einem Barhocker von Moroso Platz. Im Zentrum der Designmetropole Mailand gelegen, trumpft das Watt Tredici mit den schönsten italienischen Kreationen auf. Damit die Objekte gut zur Geltung kommen, ist das großzügige Entree des Hauses hell und durchlässig gestaltet. Fast übergangslos gelangt man ins Restaurant: zwei luftige Räume, in denen morgens ein großes und überdurchschnittlich gutes Buffet mit viel frischem Obst, hervorragendem Prosciutto und einer enormen Kuchenauswahl präsentiert wird. Hier speist die stylische „Generation iPhone“ – und es gibt niemanden, den das stört. Die 87 Zimmer sind schlicht und funktional eingerichtet, aber – und das ist etwas Besonderes in ganz Italien – es gibt Federbetten. 100 Jahre ließe es sich auf diesen erstklassigen Betten ruhen ... Aber Mailand ist natürlich zu aufregend, um es zu verschlafen. Die benachbarte Tortona-Gegend glänzt in Bezug auf Design und macht das Watt Tredici zu einem idealen Hotelstandort für Liebhaber des modernen, jungen Mailands – wenn es auch ein bisschen weit im Süden liegt.

Watt Tredici – Via Giacomo Watt, 13 – 20143 Mailand
Tel: +39 02 45449100 – https://ih-hotelsmilanowatt13.com

»Schönste italienische Kreationen im Zentrum der Designmetropole.«

DIANA MAJESTIC

➳ LUXURIÖS · ANTIK · URBAN

Wollen Sie einfach nur übernachten – oder im Imperialstil logieren? Das Diana Majestic ist vielleicht das schönste Luxushotel in Mailand. Ein Blick in die Zimmer ist wie eine Zeitreise. Dank liebevoller Restaurierung antiker Originalmöbel wurde jedes der 106 Zimmer zu einem Unikat. Wohnliche Farbtöne, gediegene Marmorbäder, Terrassen und Balkone mit Gartenblick sorgen für Urlaubsgefühle. Für die Extra-Portion Luxus werden auch Zimmer mit Dampfbädern und Schallisolierung angeboten. Die einmalig schöne Hotelterrasse mit Brunnen und altem Baumbestand hat die Wirkung einer kraftspendenden Oase, ideal für gestresste Business-Menschen. Das Frühstück ist das beste der Stadt und wird auch draußen serviert. Im Frühjahr kann man unter einem Dach aus blauen Glyzinien verweilen, in Stadtplänen und Literatur schmökern oder den nächsten Kultur- oder Shoppingtrip planen. Ganz in der Nähe liegt das Museum Galleria d'Arte Moderna, direkt am Giardini Indro Montanelli. Aber auch Shoppingmeilen wie die Via della Spiga und die Via Monte Napoleone sind nicht weit entfernt. Die Modewelt hat diese Adresse schon lange für sich entdeckt. Wenn die Stadt nicht überfüllt ist, lassen sich hier immer noch gute Raten aushandeln.

Sheraton Diana Majestic – Viale Piave, 4 – 20129 Mailand
Tel: +39 02 20581 – www.sheratondianamajestic.com

HOTEL DIANA MAJESTIC
MILANO

”

Ein Blick in die Zimmer
ist wie eine Zeitreise.

“

Hotel S. Francesco al Monte
ex convento

SAN FRANCESCO AL MONTE

KLASSISCH • ALTEHRWÜRDIG • ROMANTISCH

In den heiligen Gemäuern des ehemaligen Konvents San Lucia al Monte, das im 16. Jahrhundert von Franziskanermönchen gegründet wurde, kann man auf dem Weg in sein Zimmer auf Entdeckungsreise gehen. Verwinkelte Gänge, versteckte Treppen, große Säle, in denen die Heiligengemälde zur Unterhaltung mit einer farbigen Lightshow angestrahlt sind, Majolikafliesen und bunte Fresken geben dem Hotel seinen ganz eigenen Charme. Klassisch eingerichtet, hat es ihn im Laufe der letzten Jahre in Details aber etwas verloren. Die einstigen Handtücher mit Monogramm wurden durch Einheitsfrottee ersetzt, das Frühstück durch ein gewöhnliches kontinentales Buffet. Doch neben dem altehrwürdigen Gemäuer sind auch die Ausblicke einfach einmalig. Öffnet man seine Fensterläden, blickt man auf die zu Füßen liegende Altstadt Spaccanapoli und auf den Golf von Neapel mit seinem glitzernden blauen Meer und dem Vesuv im Hintergrund. Für Neapolitaner ist das San Francesco al Monte einer der romantischsten Orte schlechthin. Auf der Dachterrasse mit ihren geflochtenen Einheitsmöbeln und der Loungemusik gönnen junge Paare sich gerne ein Dinner und blicken verliebt auf die Bucht und das Lichtermeer.

Hotel San Francesco al Monte – Corso Vittorio Emanuele, 328 – 80135 Neapel
Tel: +39 081 4239111 – https://sanfrancescoalmonte.it

» Öffnet man die Fensterläden, blickt man auf den Golf von Neapel mit dem Vesuv im Hintergrund. «

Villa Beccaris

VILLA BECCARIS

KLASSISCH · STILVOLL · VERSTECKT

Mitten im Barolo-Gebiet liegt die Villa Beccaris im oberen Teil des wunderschönen Städtchens Monforte d'Alba. Ein richtiges Hideaway, das von der Straße aus durch ein Tor gut geschützt wird. Ist man erst einmal im Innenhof, kann man sich einlassen auf eine Welt, die mit ihren Traditionen überzeugt und die schöne Patina nicht versteckt. Man fühlt sich wie auf der Piazza in einem kleinen Villaggio. Sofort fällt das Restaurant auf, das wie eine Voliere aus Metall und Glas in den Abhang ragt und auf einer großen Stütze steht. Innen hat man durch das viele Glas einen atemberaubenden Blick auf das Tal. In den Zimmern herrschen dicke Vorhangstoffe und Textiltapeten vor, die Möbel sind sehr klassisch und man fühlt sich fast in ein anderes Jahrhundert zurückversetzt – ohne dass es dabei muffig wirkt. Alte Eleganz, die stilsicher umgesetzt ist. Der Außenbereich ist parkähnlich angelegt, bestimmt durch den Gartenpavillon mit Metalldach, der Schatten spendet. Gleich neben dem Pavillon findet man den Swimmingpool. Überall verteilt stehen Holzliegen und man kann sich schnell in diesem Umfeld mitten in eine Jane-Austen-Verfilmung hineinphantasieren. Das passende Outfit hat sicher viel mit weißen Hemden oder Blusen, naturfarbenen Leinenhosen und großen Hüten zu tun. Wer hier seine Zeit verbringt, hält ein bisschen die Zeit an und entwischt auf stilvolle Weise der Alltagshektik.

Villa Beccaris – Via Bava Beccaris, 1 – 12065 Monforte d'Alba CN
Tel: +39 0173 78158 – www.villabeccaris.com

„Ein richtiges Hideaway mitten im Barolo-Gebiet."

BALSAMO CAPILLI
Farina
Riso

LA VILLA

WARMHERZIG · PERSÖNLICH · GEMÜTLICH

Das La Villa Hotel ist ein Haus aus einem Guss. Es atmet in jeder Ecke den Geist seiner Besitzer, Chris und Nicola Norton, die der hektischen Corporate-Welt Londons den Rücken gekehrt und sich ihren Traum verwirklicht haben. Seit 2005 bauten sie Stück für Stück als Quereinsteiger das Hotel auf und sind einfach großartige, warmherzige Gastgeber. Das Haus liegt wie eine Finca in den typisch piemontesischen Hügeln, auf die man einen herrlichen Blick hat. Die Zimmer sind alle hell und hübsch eingerichtet. Jedes ist anders, was schon der Bauweise des alten Hauses geschuldet ist: viel dunkles Holz und kleine, persönlich ausgesuchte Details. In den Zimmern kann man es sich sehr gemütlich machen. Die Anlage um das Haus ist weitläufig und sehr schön gestaltet. Das Highlight ist die wunderschöne Pergola im Hinterhof, dort kann man sich entweder zum Dinner niederlassen oder die Sonne an den freien Tischen genießen. Zwischendrin gibt es kleine Terrassen, auf denen man entspannen kann. Das La Villa betreibt auch ein Restaurant, das allen zugänglich ist. Mittags gibt es einen einfachen Lunch mit Pasta oder Käse, abends ein piemontesisches Dinner – in leicht englischer Interpretation. Das alles kann man im Barbereich genießen, der auch als Frühstücksraum und Relax-Zone dient mit bequemen Lounge-Sofas und Sesseln. Für alle, die es brauchen, gibt es einen Gym zum Abtrainieren der Piemont-Food-Pfunde. Zum Relaxen lädt ein recht großer Swimmingpool im Garten ein!

La Villa – Via Torino, 7 – 14046 Mombaruzzo AT
Tel: +39 0141 793890 oder +39 347 2818843 – www.lavillahotel.net

»In jeder Ecke spürt man den Geist der Besitzer, Chris und Nicola Norton.«

CASA SCAPARONE

➵ MALERISCH · STILLVOLL · WOHLIG

In den Bergen von Alba hat sich eine eingeschworene Gruppe von Überzeugten eine kleine Welt erschaffen. Sie besteht aus einer malerisch in die Berge hineingebauten, alten Villa, die so weit wie möglich in ihrem Originalzustand belassen wurde. Alte Kachel- und Holzböden, viel nackte Steinwände und dazu alte Holztische. Überall stehen antike Holzanrichten oder Vitrinen in den Ecken – was auf den ersten Blick wie zufällig zusammengewürfelt aussieht, ist mit sicherem Stilbewusstsein arrangiert, hier und da befinden sich auch kleine Vasen mit frischen Blumen. Im Erdgeschoss wird die gesamte Fläche für das Restaurant genutzt, mehrere ineinander übergehende Räume bieten Platz für eine Menge Leute – hier kann auch Live-Musik gemacht werden. Das Menü ändert sich ständig, gute piemontesische Küche mit eigener vegetarischer und veganer Karte. In den oberen Stockwerken sind die 14 Hotelzimmer und Chill-Out-Zones für die Übernachtungsgäste. Hier herrschen alte Ledersofas und wohliges Chaos vor. Wer in einem der Zimmer übernachtet, kommt wegen der Atmosphäre und nicht wegen modernem Luxus. Im Innenhof ist viel Platz für Tische. In der Mitte ist eine leicht erhöhte Tanzfläche und man kann sich gut vorstellen, rauschende Familienfeste zu feiern. Das Ganze ist eine freakige Oase, die das alte Landleben zelebriert. Wenn man sich darauf einlässt, kann man in eine schöne, atmosphärische Welt abtauchen.

Casa Scaparone – Strada Scaparoni, 45 – 12051 Alba CN
Tel: +39 0173 33946 – www.casascaparone.it

» Eine freakige Oase, die das alte Landleben zelebriert. «

AZIENDA AGRICOLA RIZIERI

RUHIG · GESCHMACKVOLL · INDIVIDUELL

Wir haben schon oft gesehen, dass gerade die Hotels, die von Quereinsteigern gemacht werden, eine ganz besondere Qualität haben. Bei dieser Azienda sind das zwei Wissenschaftler, die sich die Berge von Piemont ausgesucht haben, um hier ihren Traum vom gemeinsamen Familienleben und Arbeiten zu verwirklichen. Das Haus liegt malerisch in der Hügellandschaft, umgeben von Weinbergen – der Blick ist fantastisch. Hierhin kann man sich total zurückziehen. Die vier Zimmer sind alle unterschiedlich eingerichtet und man merkt überall die Handschrift der Besitzerin, die mit vielen kleinen Details ihre Vorstellungen verwirklicht. Die Villa Rizieri ist im 19. Jahrhundert gebaut worden, seit 2012 haben Arturo und Barbara Verrotti übernommen, vieles in Eigenarbeit erledigt und dieses kleine Hideaway auf die Beine gestellt. Von Anfang an war aber klar, dass es nicht nur beim Hotel bleiben, sondern auch ein Weingut dazugehören sollte. Beide sind verrückt nach piemontesischen Weinen und haben eine Vision für den Wein der nächsten Generation. Das Haus selbst ist sehr hell und geschmackvoll eingerichtet. Da es am Hügel liegt, muss man in den Frühstücksraum in das Souterrain gehen. Von dort aus kann man seinen Blick über die Weinberge schweifen lassen. Hier lässt es sich wirklich ein paar Tage hervorragend entspannen.

Azienda Agricola Rizieri – Via S. Calocero, 7 – 12055 Diano d'Alba CN
Tel: +39 0173 69183 – www.rizieri.com

”

Ein wunderbarer
Rückzugsort im
malerischen Piemont.

“

L'OSTELLIERE

URGEMÜTLICH · GROSSZÜGIG · LÄSSIG

Die Ostelliere ist dafür gebaut, um sich wohl zu fühlen. Mitten in den Weinbergen gelegen, besteht die Anlage aus einem Haupthaus, in dem sich die Hotelzimmer und der Lobbybereich befinden. Allein schon der Eingang mit seinem gläsernen Windfang ist Cosyness pur. Die Lobby mit den großen Rundsofoas um die großen Balken schafft eine weite, aber doch urgemütliche Atmosphäre. Nebenan kann man in einer Art Bibliothek auf classy Sofas im entspannt edlen Rahmen ein wenig chillen. Natürlich stimmt auch alles in den 35 Zimmern, die gebrochenen Farben, die richtige Mischung aus alten und modernen Möbeln. Sie strahlen einfach Klasse aus. Ein weiteres Haus auf dem Gelände ist die Villa Sparina – hier gibt es Weintastings und die dazugehörigen Weinkeller. Ein drittes Haus liegt etwas zurück und lädt schon durch die großen Fenster ein. Dort ist auch der Speisesaal, der besonders gestaltet ist – im Eingangsbereich die Bar und links davon die Esstische. Alles im perfekten Mix aus Gemütlichkeit und Coolness. Das Außengelände ist parkähnlich und lädt mit seinen teilweise hängenden Loungesofas und Sitzecken, die inmitten von Kräuterbeeten arrangiert sind, einfach zum Relaxen ein. Egal wo man auf dem Gelände ist, man fühlt sich wohl! Fragen Sie auch nach geleiteten Fahrrad-Touren durch die Hügel des Piemonts mit Gepäck- und Abholservice.

L'Ostelliere – Villa Sparina – Frazione Monterotondo, 56 – 15066 Gavi AL
Tel: +39 0143 607801 – www.villasparinaresort.it

„Ein Wohlfühlort mitten in den Weinbergen."

HOTEL LOCARNO

WUNDERSCHÖN · ANTIK · KLASSISCH

Lust auf Patina? Im Hotel Locarno gibt es genug davon. Jedem ursprünglichen Detail wurde liebevoll Respekt gezollt, Stoffen jahrelang nachgespürt, bis man den originalen Stoff in Wien zufällig entdeckte. Die Textilien der Zimmer, im Stil der römischen Palazzi ausgewählt, geben mit der jeweiligen textilen Tapete überall ein perfekt harmonisches Bild ab. Alle Zimmer sind mit Antiquitäten ausgeschmückt und auch die Bäder sind dem alten Stil nachempfunden. Im Hotel Locarno delegieren Mutter und Tochter Celli ihre Arbeit im Service und an der Rezeption mit der notwendigen Sorgfalt, doch das Team lässt ein wenig Herzlichkeit vermissen. Auch das Frühstück geht über ein italienisches Mittelmaß leider nicht hinaus. Wir empfehlen daher, nur einen Kaffee an der Hotelbar oder im Hof zu trinken und ein ausgedehntes Frühstück bei Ciampini zu genießen. Willkommene Extras wie die hauseigenen Fahrräder, eine Dachterrasse mit herrlichem Ausblick und die zentrale Lage unweit der Piazza del Popolo mildern diese kleinen Unstimmigkeiten. Und auch wenn das Preis-Leistungs-Verhältnis nicht ganz ideal ist, das Ambiente und die Zimmer sind ein Teil des alten Rom und einfach wunderschön.

Hotel Locarno – Via della Penna, 22 – 00186 Rom
Tel: +39 06 3610841 – www.hotellocarno.com

„Ein Teil des alten Rom voller Patina."

FAEMA

ZUCCA

MICHELANGELO
PALAZZO CENCI
PALAZZO GIUSTINIANI
ROMA

NERVA BOUTIQUE HOTEL

URBAN · BEQUEM · PERSÖNLICH

Bei einem Rom-Besuch sollte man sich darauf einstellen, dass man das meiste zu Fuß erledigt – der Verkehr lädt Besucher nicht wirklich ein zum Mitmachen und die Parksituation ist ein Desaster. Deswegen ist es einfach fantastisch, dass man aus dem Nerva Boutique Hotel von der Tür aus quasi in alle wichtigen Sehenswürdigkeiten hineinfällt. Das Forum Romanum und das Colosseum sind beide nur ein paar Minuten Fußweg entfernt – so hat man auch gleich ein ganz spezielles Rom-Gefühl inmitten all dieser alten, historischen Gemäuer. Die kleinen Zimmer überzeugen durch eine schlichte, aber bequeme Ausstattung. Vor allen Dingen schätzen die Besucher die Ruhe im ganzen Hotel, obwohl es so zentral liegt. In kleinen Ecken kann man in der Lounge entspannen, der Frühstücksraum ist freundlich und hell eingerichtet. Das Hotel wird persönlich von den Besitzern geführt. Das merkt man an vielen liebevollen Details, die dem Hotel einen ganz besonderen Charakter verleihen. Wer mitten in Rom in einem schönen Zimmer zu einem angemessenen, fairen Preis übernachten will, ist im Nerva Boutique Hotel genau an der richtigen Adresse.

Nerva Boutique Hotel – Via Tor de'Conti, 3 – 00184 Rom
Tel: +39 06 678 1835 – www.hotelnerva.com

„

Vor der Tür liegen
alle wichtigen
Sehenswürdigkeiten,
zum Beispiel das
Forum Romanum.

“

the
corner
ROME

THE CORNER TOWNHOUSE

MODERN · OPULENT · URBAN

Gerade mal einen 10-minütigen Spaziergang vom legendären Colosseum entfernt, den Ruinen des Forum Romanum und dem Trevi-Brunnen ist das Boutique-Hotel The Corner Townhouse im römischen Stadtteil Aventine nicht nur super gelegen, auch kulinarisch wird man hier auf höchstem Niveau verwöhnt. Ob beim Frühstück oder nach einem langen Tag in der Ewigen Stadt kann man sich auf einen abendlichen Cocktail im privaten Garten freuen oder sich im mit Michelin-Stern ausgezeichnetem Restaurant Corner von Chefkoch Marco Martini mit modener fantasievoller Küche verwöhnen lassen. Der lichtdurchflutete Lounge Garten lädt mit großen Fenstern, üppigen Pflanzen und Bücherwänden zum Verweilen ein. Und auch das Interieur in der Jugendstilvilla aus dem frühen 20. Jahrhundert, vom lokalen Architekten Danilo Maglio entworfen, wartet mit so einigen Eyecatchern – klassische Eleganz trifft hier auf modernen Retro-Twist mit einem Flair der 50er- und 60er-Jahre und leuchtenden Komplementärfarben in den elf individuell gestalteten Hotelzimmern mit dramatisch gusseisernen Badewannen und eigenem Atrium mit Blick auf die Dächer von Rom. So ist das Corner Townhouse der perfekte Rückzugsort in der Ewigen Stadt in wunderbar zentraler Lage.

The Corner Townhouse – Viale Aventino, 121 – 00153 Rom
Tel: +39 06 4554 8810 – https://thecornerrome.com

„Ein perfekter Rückzugsort
in der Ewigen Stadt.“

MONACI DELLE TERRE NERE

MALERISCH · ÜPPIG · PERSÖNLICH

Eingebettet zwischen Olivenhainen und Weinhängen liegt die rosarot getünchte Villa malerisch zu Füßen des Ätnas. Vier loftartige Zimmer und zwei Suiten mit ineinanderfließenden Räumen bestechen mit ihrem Kontrast rauer, naturbelassener Steinwände zu modernen Möbelstücken, hellen Stoffen und viel Holz. Der Gastgeber und Eigentümer Guido sorgt dafür, dass Ihr Tag mit selbst gebackenem Hartweizen-Brot beginnt, seit der Übernahme des Guts 2007 hat er das tägliche Brotbacken zur Chefsache erkoren. Das köstliche „Km Null"-Frühstück mit Käse, frisch gepresstem, blutrotem Orangensaft, Feigen, Pfirsichen, Trauben und Tomaten – alles frisch von der Farm oder von regionalen Anbietern – wird im ehemaligen Weinlager serviert. Das Obst- und Gemüseangebot umfasst über 60 Sorten und lässt nicht nur Vegetarier-Herzen höher schlagen. Der üppige Garten mit seinen frei stehenden Himmelbetten lädt zum kontemplativen Nichtstun ein. Von der traumhaften Panoramaterrasse hat man einen atemberaubenden Blick bis zum Meer. Auf ihr genießt man abends ein Drei-Gänge-Menü, das zu den besten der Insel gehört, und in Kombination mit den edlen Tropfen seiner Heimat, die Guido dazu reicht, höchsten Genuss verspricht. Besser geht es nicht. Die einzigartige Lage und die Gastlichkeit der beiden Sizilianer Guido und Ada macht aus dem Monaci delle Terre Nere ein Traumsetting, das man am liebsten gar nicht mehr verlassen möchte.

Monaci delle Terre Nere – ViaMonaci – 95019 Zafferana-Etnea
Tel: +39 095 7083638 – www.monacidelleterrenere.it

„Von der traumhaften Panoramaterrasse hat man einen atemberaubenden Blick bis zum Meer."

7 ROOMS VILLA DORATA

GESCHMACKVOLL • PRÄCHTIG • ZENTRAL

Wenn weiß und grau es schaffen, einen zu betören, dann liegt es meist an der besonders geschmackvollen Kombination verschiedener Stilrichtungen. Wie im ehemaligen Prinzenpalast Nicolaci im Herzen des Barockstädtchens Noto. Die sieben Zimmer des Guesthouses sind im gemäßigten belgisch-französischen Palazzostil eingerichtet. Die Weiß-Grau-Töne stehen den hohen Räumen ausgezeichnet und setzen den schweren Kronleuchtern und der französischen Landschaftstapete genügend Schlichtheit entgegen, um eine perfekte Wirkung zu entfalten. Zusammen mit der Patina des alten Palazzo ergibt sich ein gekonnter Stilmix.
Das Frühstück genießen Sie auf der Dachterrasse zusammen mit einem unvergesslich schönen Blick über die honigfarbenen Dächer von Noto bis hin zum Meer. Geht man durch das große Tor und überquert den großen Innenhof, betritt man eine andere Welt. Hinter den dicken alten Mauern, die so viel Geschichte atmen und Ruhe verströmen, fühlt man sich auf Anhieb wunderbar geborgen. Auch die Lage ist toll: Im Herzen von Noto gleich am Corso Vittorio Emanuele und dem für seine Mandelgranita berühmten Caffè Sicilia. Die Turinerin Christina Summa hat in Noto ihre zweite Heimat gefunden und teilt ihr Zuhause gern mit Besuchern.

7 Rooms Villa Dorata – Via Camillo Benso Conte di Cavour, 53 – 96017 Noto
T:+39 0931 835575 oder +39 3317770721 – www.7roomsvilladorata.it

„Belgisch-französischer Palazzostil im Herzen von Noto.“

CASA TALIA

➳ MEDITERRAN · ATMORSPHÄRISCH · GESCHMACKVOLL

Die Casa Talìa wirkt wie ein kleines Village am Hang der Felsenstadt Modica im antiken hebräischen Viertel. 2003 startete der Mailänder Architekt Marco mit drei Zimmern – jedes Jahr ist eines dazugekommen, das er zusammen mit seiner Familie geschmackvoll restauriert hat. Die ruhige Oase mit Aussicht auf das Altstadtpanorama birgt insgesamt neun Zimmer und Suiten mit eigenen Gärten. Alle sind ruhige Einheiten, die über den mediterranen Garten miteinander verbunden sind. Die Wände sind zum Teil originales Mauerwerk, hinter dem man sich geschützt und geborgen fühlt wie in einer Festung. Die Casa Talìa ist der Inbegriff von Entschleunigung: Hier kann man stundenlang lesend auf Sesseln, Hängematten und Liegestühlen verweilen. Unter Schatten spendenden Olivenbäumen wird das Frühstück serviert. Ob Smoothies aus frischem Obst oder hausgemachte Marmeladen, alles wird bequem an den Tisch gebracht. Für immer unvergesslich bleiben Duft und Blick – man wird regelrecht umweht vom Aroma der Jasminblüten, und die von der Sonne beleuchtete Felsenstadt mit Basilika wirkt wie eine Filmkulisse. Berührend atmosphärisch! Sollte man doch mal Lust verspüren, die Stadt mit den hundert Kirchen zu erkunden, ist man über den schmalen Treppenabstieg in nur fünf Minuten mitten in der Altstadt.

Casa Talìa – Via Exaudinos, 1/9 – 97015 Modica
T:+39 0932 752075 – www.casatalia.it

"Die Casa Talìa ist der Inbegriff von Entschleunigung."

PARKHOTEL LAURIN

➤ ELEGANT · UNGEZWUNGEN · IDYLLISCH

100 Jahre alt ist das Parkhotel 2010 geworden, doch angestaubt ist es noch keineswegs. Franz Staffler hält das Grandhotel-Flair lebendig, verharrt dabei aber nicht in der Vergangenheit, sondern ist offen für alles, was Schönheit und Anspruch hat. Der stimmungsvolle Park des Laurin ist Kulisse für Filmnächte und moderne Kunstprojekte. Im Hotel hängen Kunstwerke aus der Sammlung des Hausherrn. Kein Möbelstück und kein Stoff wird ohne ihn ausgesucht und für das Mobiliar gibt es eine hauseigene Tischlerei. Das zeigt sich auch in den Zimmern, die entweder antik mit weißen Kirschmöbeln, barock-romantisch oder im 50er-Jahre-Stil eingerichtet sind. Egal welcher der drei Stile: Alles in den 100 Zimmern ist original und wurde in den 90er-Jahren behutsam restauriert. Im Laurin wohnen illustre Gäste – von Reinhold Messner über Wim Wenders bis hin zum Dalai Lama – und es ist zwar elegant, dennoch geht es dort sehr ungezwungen zu. Das liegt sicherlich auch an den Mitarbeitern, von denen manche bereits mehr als 20 Jahre im Laurin arbeiten und die Gäste mit schlafwandlerischer Gewandtheit umsorgen. Aber auch für die Bozner selbst ist das Haus ein Treffpunkt, denn seine Grandezza, sein idyllischer Garten mitten in der Stadt und seine Terrasse, auf der man wunderbar einen Espresso oder Aperitivo trinken kann, machen es zu einem der schönsten Orte Bozens.

Parkhotel Laurin – Laurin Straße 4 – 39100 Bozen
Tel: +39 0471 311000 – www.laurin.it

»Hier residieren illustre Gäste – von Reinhold Messner über Wim Wenders bis hin zum Dalai Lama.«

GASTHOF KOHLERN

GEMÜTLICH • TRADITIONELL • ABGELEGEN

Wie in der Sommerfrische vor 100 Jahren fühlt man sich hier. Der alpine Gasthof thront neben einer kleinen Kapelle auf einem Hügel 1.130 Meter hoch über den Dächern von Bozen. Seit 1899 scheint die Zeit hier stehen geblieben zu sein: Natur pur, frische Luft, absolute Ruhe und ein atemberaubender Blick ins Tal. Die Familie Schrott führt das Haus seit 60 Jahren mit seinen 16 schlicht und sehr geschmackvoll eingerichteten Zimmern und pflegt ihr nostalgisches Ambiente mit Fingerspitzengefühl und Hingabe. In der alten gemütlichen Stube auf zwei wundervollen Veranden oder im schattigen Lindengarten kann man alte Bozner Schmankerl genießen. Alles ist hausgemacht, Pilze, Blüten und Kräuter kommen aus den umliegenden Wäldern, das Fleisch und Gemüse von Bauern aus der Umgebung. Eine Idylle inmitten grüner Bergwiesen und gleichzeitig komfortabel nah an Bozen gelegen. Gerade mal drei Minuten sind es bis zur Bergstation der Kohlener Seilbahn, der weltweit ersten Bergschwebebahn, die seit 1908 die Verbindung nach Bozen ist. Auch deshalb flüchten viele Städter im Sommer vor der Hitze des Bozner Talkessels in die herrlich frische Bergluft und lassen den Blick bei Spinatschlutzern oder Herrengröst'l mit Speckkrautsalat beruhigend weit schweifen. Hotelgäste können dies auch von dem beheizten Pool aus tun, der sich bis an den Rand des Hanges zieht. Oder Sie entspannen in der hauseigenen Sauna samt Spa.

Gasthof Kohlern – Kohlern 11 – 39100 Bozen
Tel: +39 0471 329978 – www.kohlern.com

CASTEL
SCHWANBURG

"
Natur pur, frische Luft,
absolute Ruhe und
ein atemberaubender
Blick ins Tal.
"

ZIRMERHOF

FAMILIÄR · GEHOBEN · GEMÜTLICH

Um den Zirmerhof in vollen Zügen genießen zu können, sollte man am besten gleich mehrere Tage bleiben. Denn der uralte Sitz der Familie Perwanger auf dem Radeiner Hochplateau ist ein alpines Gesamtkunstwerk. „Eine größere Almhütte", nennt der Junior es – und das ist maßlos untertrieben. Das Haus ist so weitläufig, dass man sich in den verwinkelten Gängen verlaufen kann, und dabei spürt man auf Schritt und Tritt die Geschichte. Gelebtes Holz, bemalte Türen, alte originale Betten, kunsthistorische Drucke und antike Nachtschränkchen sind im Zirmerhof und in seinen 35 Zimmern verteilt. Die Atmosphäre ist einzigartig, gehoben, gemütlich und familiär. Hier fühlt sich jeder willkommen, egal ob er mit seiner Familie oder alleine reist. Und wird im großen Saal Frühstück oder das abendliche Menü serviert, bleiben viele Gäste gerne länger sitzen. Im Wellness-Bereich duftet es nach Heu und man kann sich gar nicht entscheiden, wo man am besten relaxt. Bei einem Almheubad oder der Gewürztraminer-Kernöl-Packung, auf einem der Felle oder im großen beheizten Außenpool mit schönster Aussicht auf das Bergpanorama. Wollen Sie den Zirmerhof dennoch einmal verlassen, packt Ihnen die Familie Lunchpakete für Ihre Wanderungen und versorgt Sie mit vielen Tipps. Wer nicht im Zirmerhof wohnt, kann zumindest mittags dort essen. Dafür sollten Sie aber auf jeden Fall vorher anrufen.

Zirmerhof – Oberradein 59 – 39040 Radein
Tel: +39 0471 887215 – www.zirmerhof.com

„

Der uralte Sitz
der Familie Perwanger
ist ein alpines
Gesamtkunstwerk.

“

GASTHOF BAD DREIKIRCHEN

GASTFREUNDLICH • LEBENDIG • AUTHENTISCH

In diesem Sommerfrischehaus aus dem 14. Jahrhundert haben schon Sigmund Freud und Christian Morgenstern die Seele baumeln lassen – mit Blick auf die gegenüberliegende Seite des Eisacktals und die Dörfer, die aussehen, als seien sie an die Berghänge getupft. Der Gasthof Bad Dreikirchen mit seinen Deckenmalereien wurde behutsam renoviert und steht heute unter Denkmalschutz. Schaut man von der großen Sonnenterrasse in die Landschaft hinein, hat man das Gefühl, dass sich in den letzten Jahrhunderten nicht viel verändert hat. Umsorgt wir man vom Hausherrn Matthias Wodenegg, der herzlich, gastfreundlich und erfrischend offen ist, einem aber gleichzeitig genug Raum lässt, sich ganz ungezwungen in dem Gasthof zu bewegen: im Musikzimmer mit seinem Flügel oder der Bibliothek, in der an kälteren Tagen schon mal der Kamin prasselt und an dem man sich auf dicken Kissen ganz wohlig niederlassen kann. Im lichten Speisesaal und auf der Terrasse werden typische Tiroler Gerichte wie Schlutzkrapfen, Knödel oder Schmarrn serviert und die Spezialität des Hauses, der beliebte Knödelsalat. Es geht lebendig in dem Haus mit seinen 27 Zimmern zu, tagsüber kann man am Pool auf der Wiese liegen, zu Bergtouren aufbrechen und sich auf das Menü freuen, das für die Hotelgäste allabendlich gekocht wird.

Gasthof Bad Dreikirchen – Dreikirchen 12 – 39040 Barbian
Tel: +39 0471 650055 – www.baddreikirchen.it

„In diesem Gasthof haben schon Sigmund Freud und Christian Morgenstern die Seele baumeln lassen.“

BRIOL

BRIOL

PURISTISCH · HERZLICH · SCHLICHT

Man traut seinen Augen nicht, wenn man hier ankommt. Auf 1.310 Meter Höhe und durchgeschüttelt von der Fahrt im Torggler Taxi erblickt man satte Bergwiesen, weiße Bettwäsche, die im Wind flattert, und in der Tür des Briol erwarten einen Johanna und Urban von Klebelsberg mit einem Obstler in der Hand. Nur 20 Zimmer gibt es und keines mit einem Schlüssel. Schließlich fühlt man sich hier unter Freunden, das Bad wird geteilt und abends sitzt man zusammen beim Essen. So herzlich die Atmosphäre ist, so puristisch die Einrichtung: schönste schlichte Holzmöbel, gestärktes weißes Leinen und als Farbsprenkel Vasen mit bunten Wiesenblumen – und die traumhafte Landschaft um das Haus herum. Im Briol konzentriert man sich auf das Wesentliche, genießt die Stille und die Sommerfrische, springt in den Pool oder sucht sich ein Plätzchen zum Schreiben, Lesen oder Träumen. Manche Gäste kommen schon seit drei Generationen und alle mit viel Sinn für ein Weniger, das viel mehr ist. Tagsüber kann man auf steilen Wegen zu den Wasserfällen oder aufs Rittnerhorn wandern. Und so mancher kehrt schon auf halber Strecke zurück, um das legendäre Kuchenbuffet mit Buchweizentorte, Apfelstrudel und Zwetschgenflecken nicht zu verpassen. Auch wer nicht im Briol wohnt, kann die Kuchen genießen und auch den Lunch mit seinem Knödeltris, der zu den besten Südtirols gehört.

Briol – 39040 Barbian-Dreikirchen
Tel: +39 0471 650125 – www.briol.it

„Satte Bergwiesen,
weiße Bettwäsche und
Zimmer ohne Schlüssel."

KRONE
GASTHOF
RESTAURANT
HOTEL
4

GASTHOF ZUR KRONE

GEMÜTLICH · SCHLICHT · PREISWERT

Am Eingang zum Grödner Tal liegt dieser Gasthof, der noch ein wirklicher Geheimtipp ist. Über der Eingangstür schaukeln zwei zart geschmiedete, goldene Kronen und innen ist er persönlich und warmherzig eingerichtet. Umgeben von Holz, roten Kissen und Bildern der Urgroßeltern an der Wand kann man hier so gemütlich wie preiswert übernachten – und dazu auch noch gut essen. Denn in der Küche steht der Sohn des Hauses, der enthusiastische Stefan Ploner, der für den Familiengasthof ebenso „brennt" wie für seine Polenta mit Pfifferlingen, Käseknödel oder die Pizza, die abends regelmäßig in den alten Steinofen geschoben wird. Und hat man Glück, kommt man nachmittags gerade rechtzeitig, wenn der ofenwarme Apfelstrudel auf den Tisch kommt. So sehr Stefan Ploner seine Heimat und den Gasthof liebt, hat er dennoch schon die halbe Welt bereist. Sein Blick ist weit nach außen geöffnet und mit dieser Offenheit macht er die Krone zu einem besonderen Ort. Die elf Zimmer sind schlicht, hell und mit Bauernmöbeln eingerichtet und die Lage des Hofes ist perfekt. Er liegt am Dorfplatz von Lajen, nah an Bozen. Und die Skigebiete in den Dolomiten sind in nur 15 Minuten zu erreichen.

Gasthof Zur Krone – Dorfplatz 13 – 39040 Lajen
Tel: +39 0471 655635 – www.lajen.com

„Dieser Gasthof am Eingang zum Grödner Tal ist noch ein wirklicher Geheimtipp.“

ZUR GOLDENEN ROSE

IDYLLISCH · GENUSSVOLL · PERSÖNLICH

Zwischendurch fragt man sich, wie Stefania Grüner das alles schafft. Drei Kinder hat sie, umsorgt dazu die Gäste mit Hingabe und schwirrt den ganzen Tag durch ihr Hotel, wo sie sich von der Blumendekoration bis zu dem tollen Frühstück einfach um alles kümmert. Und dann auch noch um den hauseigenen Gemüse- und Kräutergarten, aus dem vieles wunderbar frisch auf den Tellern der Gäste landet. Das passende Getreide dazu kann man sich morgens selber mahlen und schon mal einen Blick auf das 4-Gänge-Menü werfen, um auszuwählen, was man am Abend essen möchte: Fisch, Fleisch oder Knödel-Spezialitäten – die genussvolle Variante des Klosterlebens, das in dem idyllischen Schnalstaler Bergdörfchen einst stattfand. Auf dessen Sonnenseite liegt die Goldene Rose, ein Wohlfühlort mit getäfelten Stuben, Zirbelholzmöbeln, einem Spa mit Heubank und Sauna sowie einem Kaminzimmer, in dem man sich die Zeit mit einem antiken Meraner Tischkegelspiel vertreiben kann. Auch Stefania Grüners Mann Paul ist alles andere als untätig. Er ist nicht nur Knödelspezialist und Hüttenwirt der Schönen Aussicht, die auf 2.845 Meter Höhe weit über der Goldenen Rose liegt, sondern hat zudem die Gletscher-Kosmetiklinie Glacisse entwickelt. Regelmäßig kommt er ins Tal hinunter und weist den Gästen den Weg in den Weinkeller mit seiner großen Auswahl an Südtiroler Weinen. Man kann sie vor Ort probieren und mit nach Hause nehmen.

Hotel Zur Goldenen Rose – Karthaus 29 – 39020 Schnalstal
Tel: +39 0473 679130 – www.goldenerose.it

VITTORIO DI SPIGNO
MARIA GAMPER

„

Die genussvolle Variante des Klosterlebens, das einst im idyllischen Schnalstaler Bergdörfchen stattfand.

“

VIGILIUS MOUNTAIN RESORT

SPEKTAKULÄR · VERSTECKT · EINMALIG

Als das Vigilius Mountain Resort 2000 eröffnete, war es das erste Designhotel in Südtirol und sein Credo „ankommen, loslassen und glücklich sein" erfüllt sich bis heute. Auf 1.500 Metern und nur mit der Seilbahn erreichbar hat der Architekt Matteo Thun ein „geheimes Versteck im Wald" geschaffen, das sich mit seiner Lärchenholzfassade perfekt in das Naturschutzgebiet Vigiljoch einfügt und fast in ihm aufzugehen scheint. So spektakulär schlicht wie das Außen sind auch die großzügigen Räumlichkeiten: Lichtdurchflutete Flure mit Holzskulpturen des japanischen Künstlers Hideki Iinuma führen zu den 35 klaren und schnörkellosen Zimmern und sechs Suiten, dem Gourmet-Restaurant 1500, der rustikalen Stube Ida und dem einzigartigen Mountain Spa, einem der schönsten, den wir kennen. Dort kann man sich im solehaltigen Quellwasserpool und mit Blick auf die Lärchen treiben lassen, den Tag mit Yoga beginnen und bei Shiatsu oder im Heubad neue Energie tanken. Die Böden sind aus warmem Holz, die Treppenstufen aus Silberquarz, überall prasseln Kaminfeuer und in der Bibliothek warten Filmklassiker, die man entweder in der Lounge oder auf dem eigenen Zimmer schauen kann – und egal ob vom Bett oder der Badewanne, der Blick geht immer in die Natur: ins Etschtal, auf die umliegenden Berge und die Dolomiten in der Ferne. Ein wunderbares Gefühl der Unendlichkeit.

Vigilius Mountain Resort – Pawigl 43 – 39011 Lana – Vigiljoch
Tel: +39 0473 556600 – www.vigilius.it

” Ankommen, loslassen und glücklich sein. “

HOTEL MIRAMONTI

URGEMÜTLICH · ALPIN · FAMILIÄR

Was für ein magischer Ort! Hoch über Meran, ganz nah an der Lebensader der Natur, versteckt sich das Miramonti, ein Idyll mit einem spektakulären Ausblick auf das Etschtal und das Vigiljoch. Nicht nur die Lage ist einmalig, sondern auch die alpine Lebensart, der unaufdringliche Luxus und insbesondere die Gastfreundschaft von den Pächtern Carmen und Klaus, die mit viel Herzblut und Fingerspitzengefühl ein Refugium der besonderen Art geschaffen haben. Neben der Urgemütlichkeit und den modernen Design-Elementen verleiht vor allem das Gastgeberpaar dem Miramonti eine Seele. Hier weiß man noch, von welchem Baum die Äpfel für den hausgemachten Apfel-Grappa kommen. Klaus wandert im Sommer mit seinen Gästen gerne ins Meraner Hochplateau, wo manchmal morgens die Hirsche auf der Lichtung stehen. Im Winter bringt er die Besucher noch ein Stück weiter hoch zum Skilift. Am Abend gibt es Weinproben, Spielfilme oder man lässt in der Waldsauna die Seele baumeln. Morgens wird der Wecker durch Vogelgezwitscher ersetzt und der Ausblick beim Aufwachen könnte mit „room with a view“ nicht treffender beschrieben werden. Ein mit Liebe geführter Familienbetrieb, der durch und durch eine Wohlfühloase ist!

Miramonti – Via San Caterina, 14 – 39010 Avelengo
Tel: +39 0473 279335 – www.hotel-miramonti.com

„ Hier weiß man noch,
von welchem Baum die Äpfel
für den hausgemachten
Grappa kommen. “

LOCANDA AL COLLE

ELEGANT · MODERN · KUNSTVOLL

Nicht weit von der trubeligen Küste entfernt liegt zwischen Olivenbäumen oberhalb des Lido di Camaiore die moderne Oase Locanda al Colle. Wer den verschlungenen Weg erst einmal gefunden hat, kann an diesem lässig eleganten Ort wunderbar die Seele baumeln lassen. Ideal, um sich nach Stunden am Strand zurückzuziehen – oder ganze Tage in dem kleinen idyllischen Garten mit Pool zu verbringen und von oben in die hügelige, grüne Landschaft und auf das Meer in der Ferne zu schauen. Auch im Haus selbst kann man sich nicht satt sehen. Kunst zieht sich vom Treppenhaus durch alle Räume: moderne Malerei, immer wieder Skulpturen, Bohemian Chic und die unterschiedlichsten Lampen, die Riccardo Barsottelli mit besonderer Leidenschaft sammelt. Zum Frühstück auf der Terrasse gibt es frische regionale Köstlichkeiten: Himbeeren, Feigen, Schinken, frisch gepressten Grapefruitsaft. Zweimal in der Woche stellt sich Riccardo Barsottelli in die schöne offene Küche und verwöhnt seine Gäste mit einem Menü und toskanischen Weinen. Spätestens dann fühlt man sich wie bei guten Freunden zu Hause. Auch weil die Gastgeber einen jederzeit mit zahlreichen, sehr guten Tipps umsorgen.

Locanda al Colle – Via della Stretta, 231 – 55041 Camaiore
Tel: +39 0584 915195 – www.locandaalcolle.it

„Zweimal die Woche verwöhnt Riccardo Barsottelli seine Gäste mit einem Menü und toskanischen Weinen."

FATTORIA SAN MARTINO

MALERISCH • STILVOLL • KREATIV

Am Fuße des malerischen Hügelstädtchens Montepulciano liegt inmitten von Rebbergen, Olivenhainen, Korn- und Sonnenblumenfeldern die wundervolle Fattoria San Martino. Das Feldsteinhaus wurde voll inspirierender Kreativität von der niederländischen Modedesignerin Karin Lijftogt in ihrem ganz eigenen Stil liebevoll ausgestattet. In den vier Zimmern wechseln sich rohe Wände mit warmen Erdtönen ab, die Lampen sind selbst entworfen, bestehen aus gestanztem Papier, sind zu Sternen gefaltet oder ganz nah über dem Boden angebracht. Die Bettwäsche ist mit großen Bonmots bedruckt. Die Böden aus gewachstem, altem Holz geben als Kontrast eine schöne Wärme ab. In der perfekten modernen Fattoria möchte man am liebsten ewig bleiben. Ob Pasta, Honig oder Öl, die enthusiastische Gastgeberin und ihr Mann, Antonio Giordini, machen alles selbst, bauen Heilkräuter, Getreide, Obst und sogar Safran an. Zum Frühstück gibt es frische biologische Produkte. Abends wird auf Wunsch gekocht und in einem großen Kaminzimmer unter eigensinnig schönen Glasleuchtern gegessen. Die Energie stammt größtenteils aus Sonne und Holz. Der verwunschene Naturpool ist ohne Chlor, von hier aus kann man seinen Blick über die Hügel bis nach Montepulciano schweifen lassen: ein ideal erfrischender Start in den Tag. Und wer sich danach noch kreativ austoben möchte: Im Atelier von Karin Lijftogt werden Golschmiede-, Näh- und Kunstkurse angeboten. Einfach himmlisch!

Fattoria San Martino – Via Martiena, 3 – 53045 Montepulciano
Tel: +39 0578 717463 – www.fattoriasanmartino.it

„Der Inbegriff
der perfekten,
modernen Fattoria."

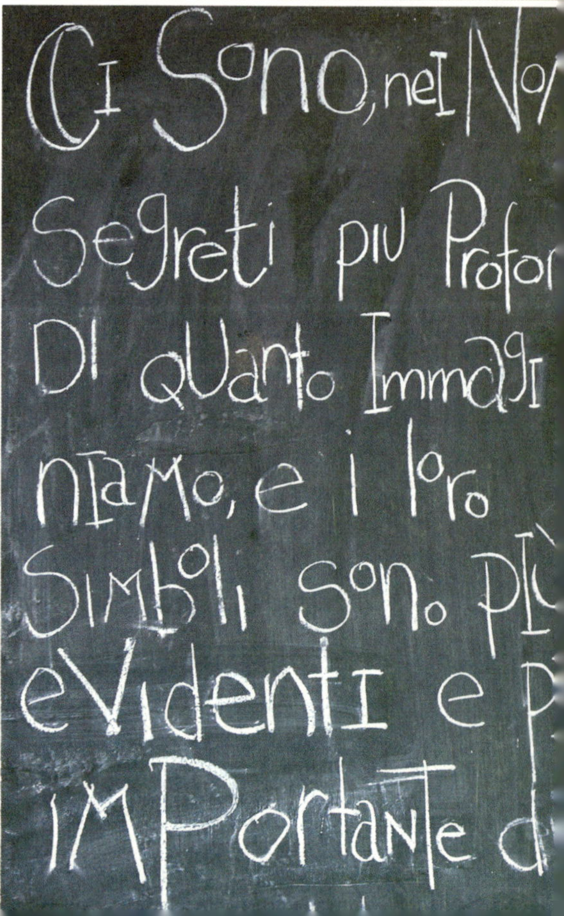

GOOD
MOOD

IL FOLLONICO

WARMHERZIG · FAMILIÄR · KUNSTVOLL

Il Follonico ist einer dieser magischen Orte, an dem einfach alles stimmt. Oft sind es die kosmopolitischen Paare, hier der Römer Fabio mit seiner Frau Suzanne aus Holland, die die schönsten Projekte aus einem kreativen nordischen Blickwinkel für Design und einer südlichen Wärme und Gastlichkeit entwickeln und der Toskana damit ein neues Gesicht geben. Die Zimmer sind unterschiedlich und kleine Kunstwerke an sich. Alle muten modern an, sind aber warm, klar und ländlich mit kleinen poetischen Inszenierungen. Suzanne liebt es, alten Dingen ihren Zauber zurückzugeben: „Viele würden diese Dinge wegschmeißen, ich dagegen liebe sie, und weil ich sie so liebe, lieben unsere Gäste sie jetzt auch." Ein befreundeter, prominenter Architekt gab Fabio Firli und Suzanne Simons als Motto mit auf den Weg: „Überlegt euch gut, ob ihr einen Stein aus dem Gemäuer nehmt, denn selbst wenn ihr ihn danach genauso in die Mauer setzt, wird sie nie wieder so gut aussehen." Zum Frühstück treffen sich alle Gäste an großen Tischen wie in einer WG, und es herrscht ein sympathisch familiäres Miteinander mit den drei Kindern des Hauses und den internationalen Gästen, die schnell bei einem Kaffee aus den süßen romantischen Tassen miteinander ins Gespräch kommen. Die Lage mitten in den Weinbergen ist ideal. Von hier aus können Sie Ausflüge nach Montepulciano, Montefollonico, Torrita di Siena und Pienza machen. Abends können Sie Ihre toskanischen Kochkünste bei Ana vervollkommnen.

Il Follonico – Località Casale, 2 – 53049 Montefollonico
Tel: +39 0577 669773 – www.follonico.com

„Einer dieser magischen Orte, an dem einfach alles stimmt.“

RELAIS LA SARACINA

ELEGANT · ROMANTISCH · INDIVIDUELL

In der Nähe von Pienza können Sie elegant im Relais La Saracina im Grünen wohnen. Die zwei Schwestern Simonetta und Gabriella Vessichelli haben sich einen gemeinsamen Traum erfüllt und im Landhausstil ein komfortables Relais eröffnet. Die sechs Zimmer sind rustikal mit einer zarten femininen Note, jedes individuell gestaltet, einige mit großzügigen Bädern. Ein guter Tipp also auch für alle, die gern viel Zeit im Badezimmer verbringen! In dem weitläufigen, verwunschenen Garten mit Pool können Sie sich zurückziehen, die Seele baumeln lassen, schwimmen oder Tennis spielen. Oder Sie leihen sich ein Fahrrad und erkunden die wunderschöne Umgebung im Val d'Orcia. Die ganze Anlage stillt die Bedürfnisse von Gästen, die Ruhe mit Ästhetik verbinden möchten. Der Wintergarten, in dem gefrühstückt und gegessen wird, fügt sich perfekt in das romantische Gesamtbild ein. Im Sommer kommt abends auf Wunsch ein Koch und bespricht mit den Gästen das Menü. Oder Sie verfeinern Ihre Kochkünste gleich selbst in einem der angebotenen Kurse.

Relais La Saracina – S. S. 146 Km 29,700 – 53026 Pienza
Tel: +39 0578 748022 – www.lasaracina.it

”

In dem weitläufigen, verwunschenen Garten mit Pool kann man wunderbar abschalten.

“

VILLA BORDONI

VERSTECKT · GESCHMACKVOLL · HERZLICH

Die Villa Bordoni ist ein Kleinod. Sie ist ohne Auto nur für Profis zu erreichen. Wer aber einmal den Weg gefunden hat, will hier in der Regel nie wieder weg. Jedes auch noch so winzige Detail wurde in dieser Landhausvilla aus dem 16. Jahrhundert mit viel Liebe und Geschmack nach einem schlüssigen Konzept gestaltet: von den handbedruckten Wänden bis hin zum verwunschenen Pool. Das Design hebt sich von anderen Hotels in der Toskana deutlich ab. Dazu genießen Sie die Schönheit der hügeligen toskanischen Landschaft und eines Restaurants, in dem Sie Stunden verbringen möchten. Falls Sie die Villa Bordoni doch noch einmal verlassen wollen, befinden Sie sich mitten im Herzen des Chianti: In wenigen Minuten sind Sie in Greve und schnell in Panzano. Nach Siena und Florenz ist es gleich weit, etwa 30 km, da bräuchten Sie ca. 40 Minuten. Die Betreiber des 2006 neu eröffneten Hotels sind keine Neulinge. Ihnen gehören in Florenz zwei sehr erfolgreiche Restaurants: das Baldovino und das Beccofino. Die Erfahrung ist im besten Sinne in ihr Hotel eingeflossen. Obwohl es in der Toskana, gerade im Chianti, ein breites Angebot an Hotels gibt, hält in dieser Preisklasse keines mit der Villa Bordoni mit.

Villa Bordoni – Via San Cresci 31/32 – Loc. Mezzuola – 50022 Greve
Tel: +39 055 8546230 – www.villabordoni.com

»Ein Kleinod
im Herzen des Chianti.«

VILLA IL POGGIALE

HERRSCHAFTLICH • GESCHMACKVOLL • LOKAL

Die Villa Il Poggiale ist wunderschön und entspricht dem Bild des toskanischen Renaissance-Palais, das jeder im Herzen trägt. Die perfekt proportionierte Loggia, getragen von schlanken Säulen, ist ein architektonisches Juwel und lädt zum stundenlangen Lesen und Plaudern ein. Im Vorgarten, umsäumt von uralten Zypressen und Pinien, kann man hier und da einen endlosen Blick auf die weichen Hügelketten der Toskana werfen. Darüber hinaus, und das ist wirklich nicht oft in der Toskana zu finden, ist die Villa auch in jeder Hinsicht schön und stimmig eingerichtet. In den herrschaftlichen Salons, von denen einige sogar mit Fresken ausgemalt sind, und in den 19 Gästezimmern geben Antiquitäten den Ton an, und hin und wieder ergänzen auch ein paar orientalische Accessoires das Bild. Im Garten zwischen alten Rosenstöcken und umgeben von Olivenhainen sorgt ein Pool für Erfrischung. An kühlen Tagen können Sie sich in den Wellness-Bereich zurückziehen und mit Anwendungen aus Olivenöl, Weintraubenschalen und Zitronen pflegen lassen. Hier wird Slow Food vorgelebt und die Produkte, wie beispielsweise der Käse, werden von kleinen Anbietern aus der Region bezogen. Genauso wie der Wein von dem berühmten Gut Villa Antinori stammt, zu dem die Besitzer des Il Poggiale einen engen Kontakt pflegen.

Villa Il Poggiale – Via Empolese, 69 – 50026 San Casciano in Val di Pesa
Tel: +39 055 828311 – www.villailpoggiale.it

„Ein architektonisches Juwel, umgeben von uralten Rosenstöcken, Zypressen und Olivenhainen."

VILLA LENA

EXTRAVAGANT · MALERISCH · NACHHALTIG

Malerisch eingebettet in den Hügeln der ländlichen Toskana mit charmant geschmackvoll eingerichteten Zimmern, einem Farm-to-Table-Restaurant und einer Foundation mit Artist-in-Residence-Programmen, ist das einzigartige Feriendomizil ein Refugium für alle, die sich für Kunst interessieren oder selber Künstler sind. Die Villa aus dem 19. Jahrhundert befindet sich im Herzen des Anwesens, das ursprünglich für eine italienische Adelsfamilie erbaut wurde, umgeben von 500 Hektar Wald, Weinbergen, Olivenhainen und Gemüsegärten. Als Gast ist man eingeladen, bei der kreativen Familie der Villa Lena zu wohnen, die die lokale toskanische Geschichte, Kultur und Essen im Kreise internationaler Künstler, Schriftsteller, Filmemacher, Musiker und Köche feiert – mit regelmäßigen Künstlergesprächen, Filmvorführungen im Freien, Kochworkshops und Candle-Light-Konzerten bis hin zu DJ-Sets am Pool.

Der Tag beginnt meistens mit Yoga und endet mit Salbei-Lasagne und Songs von Ramones. Zwischendurch liegt man unter den geringelten Sonnenschirmen, auf einem Schwimmreifen im Pool oder man streift gerade durch die in der Villa niedergelassenen Künstlerateliers. Oder man kann die umgebenen Wälder erkunden, auf Trüffeljagd gehen und nahe gelegene Städte wie Lucca, San Gimignano, Siena oder Florenz besuchen. Jeden Abend versammeln sich Gäste und Künstler im Terrassen-Restaurant zu einem gemeinsamen kulinarischen Erlebnis, das auf einer saisonalen Bio-Speisekarte basiert, die in der italienischen Küche verwurzelt ist und vom Gastkoch zubereitet wird. Dieser Ost schafft eine wunderbare Balance zwischen Natur und Kultur und gibt die Inspiration für eine neue Art zu leben.

Villa Lena – Strada Comunale di Toiano, 42, Toiano – Siena – Palaia
Tel: +39 0587 083111 – www.villa-lena.it

„Die Villa Lena
ist ein einfaches,
aber dennoch extravagantes
toskanisches Paradies."

EREMITO

RUHIG · KLÖSTERLICH · NACHHALTIG

Zeit für sich selbst zu haben und zur Ruhe zu kommen, das ist heute der größte Luxus, weiß Marcello Murzilli, der ein erfolgreicher Fashion-Designer war, bevor er in Mexiko das Eco Luxus Resort Desconocido eröffnete – und Jahre später 2009 nach Italien zurückkehrte. Seither hat er sein neues Herzensprojekt aufgebaut, das klösterliche Eremito, in dem man aus dem Alltag aussteigen kann. 32 000 Kilometer hat er zurückgelegt, bevor er das Anwesen auf einer Anhöhe inmitten von Wäldern entdeckte und es in einen modernen Rückzugsort verwandelte, an dem spirituelle Klänge durch die Hallen wehen – und man in einem der 14 Einzelzimmer schläft, mit eingemauerten Marmorwaschbecken, antiken Betten und Eremitengemälden. Augenzwinkernd ist der Bademantel wie eine Kutte designt, die Bettwäsche ist aus bestem Leinen handgenäht, und auch sonst stimmt jedes Detail. Das Biogemüse kommt aus dem eigenen Garten, zum Frühstück gibt es selbst gebackenes Brot, abends Bohnensuppe, Tomatensalat und Getreidetaler, dazu Wein aus dem Tonkrug und einen prasselnden Kamin. Man kann durch den Rosengarten schlendern, Yoga machen, den Fels-Jacuzzi genießen oder einfach die atemberaubenden Blicke auf die Landschaft. Sein Auto parkt man unten am Fluss und steigt in Marcellos Jeep um, der einen über Stock und Stein in die schönste Abgeschiedenheit bringt – ganz ohne Wi-Fi und sonstige Banalitäten.

Eremito – Località Tarina, 2 – 05010 Parrano-Orvieto
Tel: +39 0763 891 010 – www.eremito.com

> „Ein moderner Rückzugsort, an dem man leicht dem Alltag entfliehen kann.“

RELAIS CASAMASSIMA

HERZLICH • HIMMLISCH • ELEGANT

Mehr als 25 Jahre hat Anna Locori in der Fashion-Industrie gearbeitet – als Assistentin der Familie des visionären Schuhdesigners Salvatore Ferragamo –, ist um die Welt gejettet, baute deren Schuhmuseum mit auf, um sich 2008 schließlich auf das Familienanwesen ihres Mannes zurückzuziehen. Und während er in der Woche als Arzt in Florenz arbeitet, umsorgt sie ihre Gäste mit einer Leidenschaft und Herzlichkeit, die mitreißend ist. Drei elegante und heimelige Suiten hat sie eingerichtet, die von Wein umrankt sind, eigene Eingänge sowie kleine Terrassen haben und mit Liebe ausgestattet sind. Mit Antiquitäten, hellem Leinen und Malereien, die auf pure Steinwände treffen – und dazu hat sie an Kleinigkeiten gedacht, die einen großen Unterschied machen. Kunstbände und andere Bücher über die Region liegen bereit, und im Bad gibt es neben einem Vergrößerungsspiegel, Badesalze, Kosmetik aus Olivenöl und kuschelige Bademäntel, in denen man am Kamin relaxen kann. Genauso wie am Pool oder auf der großen Terrasse, die schon Motiv für den berühmten Fotografen Steve McCurry war, der hier eine Kampagne fotografierte. Wahlweise dort oder in einem kleinen Wintergarten wird das Frühstück serviert – mit hausgemachten Marmeladen und Käse aus der Umgebung und allem anderen, was das Herz begehrt, und dazu gibt es jede Menge Tipps von Anna, die sich auch kulturell bestens in Perugia und in der Umgegend auskennt.

Relais Casamassima – Strada Pieve San Sebastiano, 5 – 06134 Perugia
Tel: +39 0338 8255 682 – www.relaiscasamassima.it

»Anna Locori umsorgt ihre Gäste mit einer Leidenschaft und Herzlichkeit, die mitreißend ist.«

AGRITURISMO PREGGIO

AUTHENTISCH · IDYLLISCH · NACHHALTIG

Es ist schon ein Schritt, den Elena und Bruno vor einigen Jahren wagten. Da verkaufte er seine Internet-Firma in Bergamo, und gemeinsam zogen sie erst mit Vierradantrieb-Campern durch die Lande, um sich schließlich in Monte Santa Maria Tiberina niederzulassen, einer kleinen Gemeinde in den Bergen nahe Perugia. Dort kauften sie ein altes Gehöft, das sie nach und nach restaurierten, die überwucherten Olivenhaine freilegten und die schönen Hänge mit Blick ins Tal. Mühsam kratzten sie ihr Wissen aus Büchern zusammen – und bekamen Unterstützung von einem alten Herrn aus dem Dorf, der Elena beibrachte, Weinstöcke anzulegen, Körbe zu flechten, Kräuter zu züchten und Bienen. Heute haben sie ihr eigenes Saatgut, bauen Gemüse, Wein und Oliven an, stellen Sugos, Käse, Brote und andere Köstlichkeiten her, während Gänse, Hühner, Hunde und Katzen gemeinsam über den Hof laufen und alles ganz pur und authentisch ist. Jeden Tag kocht Helena, man wohnt in einem der beiden Cottages oder Zimmern und sagt ihr morgens Bescheid, ob man mitisst, kommt man von außerhalb, kann man anrufen und sich anmelden: zu gelben Tomaten mit Oregano, Focaccia mit Paprika und Rosinen, die ein Erlebnis sind, großartiger Melanzana und Pannacotta zum Niederknien. Und dazu gibt es den Weißwein Delèlena, den Bruno nach seiner Frau benannt hat, der orange schimmert und samtig trocken schmeckt.

Agriturismo Preggio – Via Madonna del Sodo 147 – 06019 Preggio
Tel: +39 075 9410191 – www.preggio.it

»

Der Inbegriff für
authentisches,
modernes Landleben.

«

HOUSES
tree houses

TORRE DI MORAVOLA

SPEKTAKULÄR · LUXURIÖS · MINIMALISTISCH

Der Weg führt immer weiter den Berg hinauf. Steil, kurvig und verwunschen hoch zum Torre di Moravola, einem ehemaligen Wachturm, in dem nach seinem spektakulären Umbau moderner internationaler Style auf umbrisches Mittelalter trifft. Nach vielen Jahren in Hongkong haben die Designerin Seonaid Mackenzie und der Architekt Christopher Chong beschlossen, nach Italien zurückzukehren, wo sie beide einst studierten. Der Turm aus dem 12. Jahrhundert hatte sie sofort fasziniert, und sie verwandelten ihn in ein uniques Hideaway, in dem sich Beton, Glas und Stahl in die alten Gemäuer einfügen, in dem Heiligenstatuen neben Designklassikern stehen – und es von Terrassen, Balkonen und kleinen Austritten weite Ausblicke über die Landschaft gibt. Ob in den sieben luxuriös-minimalistischen Zimmern oder den Salons. Abends kann man sich in der Küche niederlassen und Christopher dabei zuschauen, wie er kocht, mit ihm plaudern und dazu den obligatorischen Prosecco trinken, den er ausschenkt. Kochen gelernt hat der gefeierte Architekt erst hier. „Aber mein Großvater war Koch", lacht er, „vielleicht liegt es ja in den Genen." Und so warten zarte Parmesan-Körbchen, die wie Korallen aussehen, auf ihre Füllung und es werden Trüffel gehobelt. Das Flair, das hier herrscht, ist kreativ und international, genau wie die Gäste, mit denen man hoch oben in schönster Landschaft thront und eigentlich nicht mehr ins Tal zurückmöchte.

Torre di Moravola – Localita Moravola – Zona Corlo – 06014 Montone
Tel: +39 075 9460965 – www.moravola.com

"Das Flair, das hier herrscht,
ist kreativ und international
genau wie die Gäste."

L'ARIETE

LÄNDLICH · GASTFREUNDLICH · NACHHALTIG

Man wird vom Duft von Lavendel, Salbei und Rosmarin empfangen und von einem hübschen großen Gebäude mit hellgrünen Fensterläden. Vor vier Jahren haben die Kärntner Martina Stromberger und Andreas Sax das Landgut zu Füßen des mittelalterlichen Städtchens Montone gekauft. Italien sollte es auf jeden Fall sein. Seitdem Martina sechs Jahre lang Kunst in Perugia studiert hatte und anschließend längere Zeit in Wien arbeitete, wollte sie immer wieder zurück. Jetzt leben die beiden nicht allzu weit von ihrer Heimat Kärnten entfernt, aber jenseits von Gewohnheiten und mit jeder Menge neuer Ideen. Dass diese auch in der Gestaltung des Hauses stecken und es von jemandem ausgestattet wurde, der eine Affinität zu schönen Dinge hat, sieht man den sechs Wohnungen sofort an. Sie sind in warmen Farben eingerichtet, mit dunklen Holzmöbeln und antiken Betten, offenen Kaminen und Ästen, die wie Skulpturen wirken, und in den Küchen, die alle voll ausgestattet sind, baumeln silberne Etageren mit Weingläsern von der Decke. Am Ofen lehnt ein Frühstücksbrettchen, auf dem steht: „Her mit dem schönen Leben." Das hat man hier. Am großen Pool, in der Bibliothek, auf der großen Terrasse und in der üppigen Natur drumherum. Und während das Frühstück in den einzelnen Wohnungen bereitsteht, kocht Martina abends Spezialitäten der Region – alles bio aus dem eigenen Garten oder von Bauern aus der Umgebung.

L'Ariete – Corlo 38 – 06014 Montone
Tel: +39 389 9561352 – www.lariete.org

„Am Ofen lehnt ein Frühstücksbrettchen: „Her mit dem schönen Leben“ – das kann man hier haben.“

LA CALCINA

➸ WARMHERZIG · SCHLICHT · PERSÖNLICH

Das La Calcina ist ein ganz besonders sympathisches Hotel und als solches eine Rarität in Venedig, da sich Hotelbesitzer hier nie groß um ihre Gäste bemühen müssen, weil die Stadt sowieso fast immer ausgebucht ist! Zum Glück sieht das Alessandro Szemere, Besitzer des La Calcina, anders. 1994 übernahm er das Hotel seiner Großmutter, die er in seiner Jugend von Rom aus während der Sommermonate jedes Jahr besuchte. Sicher sind die schönen Erinnerungen an die vergangenen Tage, die er mit seinen Freunden beim Schach auf der Hotelterrasse verbrachte, ausschlaggebend für die warme Atmosphäre, die überall im Haus gegenwärtig ist. Ein weiteres Lob gilt den schlichten Zimmern, die hell und luftig sind und teilweise einen herrlichen Blick auf Giudecca bieten. Die Lobby ähnelt einem Literarischen Salon. Gäste, Künstler und Freunde gehen hier ein und aus und machen es sich mit einer Zeitung und einem Tee am Fenster gemütlich. Im Sommer sitzen natürlich alle auf der Terrasse des Restaurants La Piscina über dem Canale della Giudecca und genießen die Küche – mit vegetarischem Schwerpunkt – bei einem guten Glas Wein aus dem Veneto.

La Calcina – Dorsoduro, 780 (Zattere ai Gesuati) – 30123 Venedig
Tel: +39 041 5206466 – www.lacalcina.com

” Besonders schön und
mit Aussicht auf den Kanal
ist das Zimmer 34. “

NOVECENTO

NOVECENTO

SYMPATHISCH · GESCHMACKVOLL · PERSÖNLICH

Unweit der Piazza San Marco in zentralster Venedig-Lage befindet sich das sympathische Boutique Hotel Novecento mit nur neun Zimmern und einer geschmackvoll eingerichteten Lounge, liebevoll dekoriert mit marokkanischen Accessoires. Geführt wird es von dem charmanten Besitzer-Ehepaar Gioele und Heiby Romanelli, die auch gerne ihre persönlichen Venedig-Tipps an die Gäste weitergeben. Besonders nett sitzt man in dem kleinen sonnigen Innenhof. Bei schönem Wetter wird hier auch das üppige Frühstück serviert und der Tag könnte nicht besser starten. Sollte das Novecento ausgebucht sein, was in Venedig schnell der Fall ist, wäre das Schwester-Hotel Flora, das auch zur Familie Romanelli gehört, eine wunderbare Alternative. Das kleine venezianische Plüsch-Hotel mit gehäkelten Tischdecken und alten Möbeln im Frühstücksraum, die dem Haus einen besonderen Charme verleihen, und Zimmern mit cremefarbenen Chippendale-Möbeln, ergänzt von puderigen Blumenstoffen, liegt nicht nur genauso zentral, der Service ist hier ebenso liebevoll und charmant.

Novecento – San Marco, 2683/84 (Calle del Dose, Campo San Maurizio) – 30124 Venedig
Tel: +39 041 2413765 – www.novecento.biz

„Venezianisches Plüsch-Hotel nahe der Piazza San Marco.“

MAKING OF

Klar, wir haben einen Traumjob. Wir packen regelmäßig unsere Koffer, lernen die Welt und außergewöhnliche Menschen kennen, dürfen sie ins Herz schließen und ihre Leidenschaften kennenlernen. Dabei brechen wir in Umbrien schon mal vor Sonnenaufgang zur Trüffelsuche auf oder in Südafrika in den Busch, um Giraffen vor die Kamera zu bekommen. Auf einer andalusischen Hazienda weihen uns Pferdeflüsterer in ihre Geheimnisse ein oder wir nehmen in der kalifornischen Wüste ein Soundbad und verirren uns dabei schon mal – und suchen dann den richtigen Weg stundenlang. Apulische Großmütter führen uns in die Kunst des Pasta-Machens ein, im Cilento lernen wir Burrata zu ziehen und nicht selten kommt es vor, dass wir uns an einem Tag durch gleich mehrere Restaurants probieren. Das ist herrlich, kann aber durchaus auch auf den Magen gehen. Genauso wenn, trotz aller Professionalität, doch jemand mal den Pass vergisst, wir uns von einem Ort nicht trennen mögen und das Flugzeug dann schon weg ist – und die platten Reifen, nachdem der Weg mal wieder quer durch die Natur geführt hat, wollen wir gar nicht zählen. Doch auch wenn es mal strapaziöser wird, erwartet uns jeden Abend ein neuer Ort, um wieder aufzutanken, ob das im heimeligen Bed & Breakfast ist, im umwerfend luxuriösen Boutique-Hotel, in der Yurte, dem Baumhaus oder im Strandbungalow.

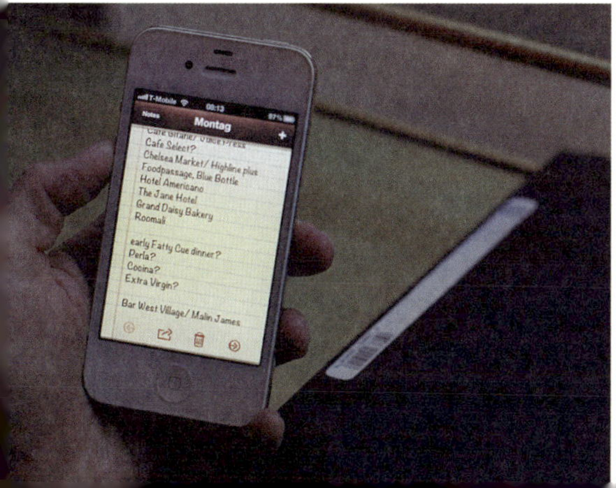
T-Mobile
08:13
Notes
Montag
Cafe Select?
Chelsea Market/ Highline plus
Foodpassage, Blue Bottle
Hotel Americano
The Jane Hotel
Grand Daisy Bakery
Roomali
early Fatty Cue dinner?
Perla?
Cocina?
Extra Virgin?
Bar West Village/ Malin James

POLICIA

Deutschland // München // Restaurant
Seite // 31
KAISERGARTEN
UNVERGESSLICH · LÄSSIG · LEBENDIG
Der Kaisergarten macht einfach jeden glücklich!

Das Jagdgasthaus Egender hat die besten und noch dazu am schönsten präsentiertesten Käsknöpfle vom Bodensee.

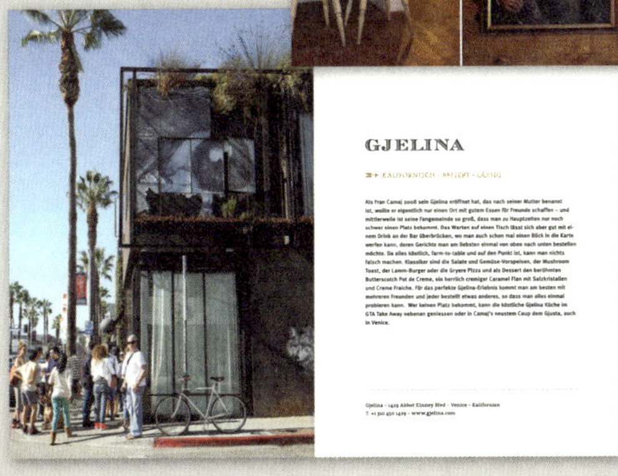
GJELINA
Als Fran Camaj 2008 sein Gjelina eröffnet hat, das nach seiner Mutter benannt ist, wollte er eigentlich nur einen Ort mit gutem Essen für Freunde schaffen – und mittlerweile ist seine Fangemeinde so groß, dass man zu Hauptzeiten nur noch schwer einen Platz bekommt. Das Warten auf einen Tisch lässt sich aber gut mit einem Drink an der Bar überbrücken, wo man auch schon mal einen Blick in die Karte werfen kann, deren Gerichte man am liebsten einmal von oben nach unten bestellen möchte. Da alles köstlich, farm-to-table und auf den Punkt ist, kann man nichts falsch machen. Klassiker sind die Salate und Gemüse-Vorspeisen, der Mushroom Toast, der Lamm-Burger oder die Gryere Pizza und als Dessert den berühmten Butterscotch Pot de Creme, ein herrlich cremiger Caramel Flan mit Salzkristallen und Creme Fraiche. Für das perfekte Gjelina-Erlebnis kommt man am besten mit mehreren Freunden und jeder bestellt etwas anderes, so dass man alles einmal probieren kann. Wer keinen Platz bekommt, kann die köstliche Gjelina Küche im GTA Take Away nebenan geniessen oder in Camaj's neustem Coup dem Gjusta, auch in Venice.
Gjelina – 1429 Abbot Kinney Blvd – Venice – Kalifornien
T: +1 310 450 1429 – www.gjelina.com

TAVERNA
BOGAZI
Το Μπογάζι
MANOLIS & GABY
MOCHLOS
Der Hauskuchen – nach dem Geheimrezept der Großmutter – ist der krönende Abschluss.

USA // San Francisco // Café
Seite // 307
TARTINE BAKERY
ARTISAN · LEBENDIG · BELIEBT
Süße und salzige Köstlichkeiten, die sich in überborden-der Vielfalt in der Vitrine aneinanderreihen.
TARTINE BREAD
Bungalow
Das Club-Restaurant thront hoch über Clifton Beach und bietet einen großartigen Blick auf das Meer.
THE BUNGALOW
LEBENDIG · STILVOLL · MARITIM
Die wohl wichtigste Tageszeit in Kapstadt ist die Stunde des Sonnenuntergangs, wenn sich der Himmel von einem sanften Rosa über Lila, Pink bis hin zu einem knalligen Orange verfärbt. Am besten lässt sich das Farbspektakel mit einem kühlen Glas Weißwein, frisch gegrilltem Fisch und in guter Gesellschaft genießen. Der perfekte Ort dafür ist The Bungalow. Das Club-Restaurant thront hoch über Clifton Beach und bietet einen großartigen Blick auf das Meer. Insbesondere an Wochenenden, wenn Live-DJs auflegen und sich das Restaurant mehr und mehr in einen Club verwandelt, lockt The Bungalow nicht nur Sonnenanbeter, sondern auch die Jungen, Reichen und Schönen der Stadt an. Die beliebtesten Plätze im Sommer befinden sich in der Open-Air-Lounge unter der weißen Pergola, direkt an den Klippen. Weiß eingedeckte Tische, tropische Holzstühle und dunkelblaue Kissen sorgen für die richtige Stimmung. Der Innenbereich ist im Sommer ebenfalls komplett geöffnet, wenn auch überdacht. Im Winter lassen sich die Fronten schließen und ein lodernder Kamin sorgt für Wärme und Gemütlichkeit. Wir empfehlen den Bungalow-Salat, der in einer großen Holzschale serviert wird, gefolgt vom Klipfisch – eine regionale Spezialität, die sich durch weißes, saftiges Fleisch auszeichnet. Insbesondere an Wochenenden abends ist eine Reservierung unumgänglich.
The Bungalow · Glen Country Club · 3 Victoria Road · Kapstadt-Clifton
T: +27 (0)21 4382018 · www.thebungalow.co.za

Die Karte könnte man sich glatt über den eigenen Herd hängen, fast alle Lieblingsgerichte sind auf ihr versammelt.
el chiringuito

Überraschende Kompositionen, die wie kleine Kunstwerke aussehen und ausgezeichnet schmecken.

Dänemark // Kopenhagen // Bar
RUBY BAR
Die Cocktailkarte wird auf die jeweilige Jahreszeit abgestimmt mit Kräutern aus dem eigenen Garten.
Am Anfang war es nur eine Marmeladenküche, in der Jessica Koslow Früchte vom Farmers Market eingekocht hat.
Wenn Madame Brothier von den goldenen Zeiten erzählt und wie die Künstler bei ihr ein und ausgingen, strahlen ihre Augen.
LES ARCADES

Griechenland // Kreta
Seite // 79
VILLA ATHERMIGO
In einer 250 Jahre alten Ölmühle erwartet Sie das absolute Erholungsparadies.
THE SOHO HOTEL
Nördlich vom Piccadilly Circus beginnt ein kleines Gewirr von Straßen, das mehr Songs, Skandale, Filme, Bücher und Ideen hervorgebracht hat als irgendeine andere Quadratmeile auf der Welt. Soho. Mit seinen Bars, Restaurants, Theatern und dem ein oder anderen übrig gebliebenen Stripteaselokal gehört es seit jeher zu den nachtaktivsten Gegenden Londons. Nur stilvoll schlafen konnte man hier lange nicht. Das hat sich mit dem The Soho Hotel geändert. Wie ein großer moderner Luxusdampfer liegt es in einer kleinen ruhigen Seitenstraße. Seine Vergangenheit als Parkhaus ist ihm nicht mehr anzusehen. Designerin Kit Kemp hat das Interieur unkonventionell und bunt inszeniert. Hier verschmelzen Spaß, Entertainment und Tradition. Unnötig zu erwähnen, dass in den großzügigen Zimmern mit extrabreiten komfortablen Betten jedes Detail stimmt. Zuvorkommendes Personal in dunkelgrauen Mark-Powell-Maßanzügen, gemütliche Salons mit bequemen Sofas, offenen Kaminen und eine lange glamouröse Bar machen es zum Prototyp des modernen, lässigen Grand Hotels.
The Soho Hotel – 4 Richmond Mews – London-Soho
T +44 (0)20 7559 3000 – www.firmdale.com

Allesamt Materialien, die mit Würde altern, ja sogar nach Jahren oft noch schöner werden.

„Ein perfektes Wochenende …"

Amsterdam

Barcelona

Basel

Berlin

Brüssel

Budapest

Dresden

Dubai

Dublin

Florenz

Hamburg

Hongkong

Istanbul

Köln

Kopenhagen

Lissabon

London

Madrid

Mailand

München

Neapel

New York

Nizza

Palma de Mallorca

Paris

„Eine perfekte Woche ...“

Amalfiküste

Andalusien

Apulien

Bali

Bayerisches Alpenvorland

Berliner Umland

Bodensee

Cornwall

Côte d'Azur

Gardasee

Ibiza

Kalifornien

Kapstadt

Kreta

Mallorca

Marrakesch

Normandie

Piemont

Portugal

Provence